はじめて受け持つ

3 小学校年生の

学級経営

小川 拓 編著

新しい時代の学級経営とは

　2020年4月、コロナ禍で多くの学校が休校を余儀なくされる中で、小学校では新しい学習指導要領が全面実施となりました。「社会に開かれた教育課程」「カリキュラム・マネジメント」「主体的・対話的で深い学び」「プログラミング教育」など、多くのキーワードが語られていますが、その多くは教科の学びに関することです。

　では、学級経営は、これまで通りでよいのでしょうか。答えは「否」です。もちろん、これまでのやり方を180度転換する必要はありませんが、変えていかねばならない部分は少なからずあります。

　ポイントは大きく二つあります。一つ目は子供たちの「主体性」を伸ばすことです。

　これまでの日本社会は、製品等をより効率的・大量に生産し、流通・販売させることで発展してきました。そして、学校教育では与えられた課題を「速く」「正確に」こなす力を子供たちに養っていました。

　しかし、時代は変わり、今は自ら課題を見つけ、周囲と協働しながら解決・改善していく力が求められています。会社で言えば、製品を作ったり、管理したりする力よりも、新しい商品・サービスを企画したり、販売や流通のアイデアを提案したりする力が求められているのです。今後、単純作業の多くがAI（人工知能）に代替されていけば、その傾向はますます強まるでしょう。

　そうした流れの中で、新しい学習指導要領では「主体的な学び」が提唱されました。とはいえ、子供の「主体性」は教科の学びの中だけで育まれるものではありません。日々の学級活動、学校行事、そして教師と子供たちとの交流なども含め、教育活動全体を通じて育まれていくものです。

　二つ目は、子供たちに「多様な他者と協働していく力」を養うことです。

　今の日本社会は、10年前、20年前とは比べ物にならないほど多様化しています。自分が受け持つクラスに、外国籍の家庭の子供がいるという教師も多いことでしょう。また、現在の学校では、発達に特性のある子供への対応も求められています。こうした流れも含め、これからの時代の学級集団はますます、多様なバックボーンを持つ子供たちで構成されるよう

になっていくはずです。

　実社会に目を向けても、多様化は進んでいます。企業の中には、多様な国籍の人たちが国境を超えて集い、互いに連携しながらビジネスを展開している所も少なくありません。今後、オンライン化やテレワーク化が進む中で、そうした傾向がさらに強まっていく可能性もあります。

　すなわち、これからの時代を生きる子供たちには、多様な価値観・文化・背景と触れ合い、対話を重ねながら合意形成を図っていく力が求められています。そうした背景も含め、新しい学習指導要領では「対話的な学び」が提唱されたわけです。この力も、教科指導だけでなく、生活指導も含めて育んでいくべきものだと言えます。

　つまり、これからの時代の学級経営は、たとえ子供たちが教師の言うことにきちんと従い、完璧に統率が取れていたとしても、活動が受け身で相互理解が図られていないようでは意味がありません。目指すべきは、子供たちがやりたいことを次から次へと提案し、友達と意見交換をしながら、主体的に計画・実行していくような学級です。そうした学級経営こそが、「予測不可能な社会」をたくましく生きていく子供たちを育てるのです。

　本書「はじめて受け持つ小学校3年生の学級経営」は、そうした学級経営を実践するための知恵やアイデアを詰め込んだ実用書です。1～6年生版の全6冊シリーズで構成され、それぞれの学年の発達段階を踏まえ、効果的な学級経営のやり方等が解説されています。全6冊とも全て、4月の「始業式（入学式）」から始まり、3月の「修了式（卒業式）」で終わる時系列構成になっているので、その時々でご活用いただけます。難しいことは抜きにして、すぐに使えるネタや小技、工夫が満載なので、「学級経営に悩んでいる」という先生や「初めて○年生を受け持つ」という先生は、ぜひ手に取ってみてください。

2021年3月

小川　拓

3

イラスト　後藤 美穂

PART 1

学級経営の
基本

　最高のクラスをつくるために、まずは学級経営の
基本を確認しましょう。このPARTでは、絶対に失
敗しない学級経営の法則、3年生の担任として押さ
えておきたい発達段階・道徳性などを解説していき
ます。

1 絶対に失敗しない学級経営
—「3つの法則」でより良い学級経営を—

1. 人間関係が良ければ成長する法則

　皆さんは新しい学級を担任したら、どのようなクラスをつくりたいでしょうか。「やさしいクラス」「楽しいクラス」「素敵なクラス」等、きっといろいろな思いがあることでしょう。そうしたクラスをつくるために、何を一番に考えて指導していく必要があるでしょうか。それは、ズバリ**「人間関係」**です。特に小学校の担任は、学級の中の人間関係をより良くするための指導ができなければ、つくりたいクラスはつくれません。

　皆さんは、**「人間関係を崩した」こと
がありますか?**

　もう少し、具体的に言うと、「仲間はずれにされたことがありますか?」「特定の人と組織（学級を含む）内で口も聞かないくらい気まずい関係になったことがありますか?」教師になるまでの間でも、一度くらいは経験がある人も多いでしょう。その時、どんな気分だったでしょう。人間関係が苦で、何も手につかなかったのではないでしょうか。

　人間関係が良くなければ、人は何もやる気が起きなくなってしまいます。右の図はアルダファーのERG理論のピラミットです。このピラミッドのように、「生存欲求」が満たされると、人は「関係欲求」を満たそうとします。「関係欲求」が満たされると自分の成長を満たしたくなるのです。極端な話、人間関係さえより良くできれば、人は勝手に成長していくのです。それは勉強だけに限りません。スポーツや趣味も同じで、自分を伸ばそうと努力を始めるのです。

つらくて、何も手につかないし
夜も眠れない…。

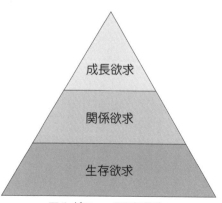

アルダファーERG理論

英会話を始めたいな！毎日、体力づくりで、
ランニングしよう！勉強もがんばろう！！

このことからも、その学年に応じた学級経営を行いなが
ら、人間関係のことも考えながら、学級経営を進めていく
必要があります。

2. 褒めることで信頼関係が深まる法則

　人は信頼している人の言うことしか聞きません。威圧的な教師や上司の言うことを聞く場
合もありますが、それは心の底から話を聞き、態度に表しているのではなく、怖いからやる
のであって能動的な行動ではありません。そのような状況下では、大きな成長や創造的な考
えは生まれないでしょう。

　それでは、子供たちはどのような人を信頼するのでしょうか。それは簡単です。褒めてく
れる人のことを信頼するのです。言い換えれば、褒めてくれる人の言うことを聞くのです。
心の底からという言葉を付け加えるのであれば、褒める人の言うことしか、「心の底」から
聞きません。

　より良い信頼関係を築くためには、どのように褒めていけばよいのでしょうか。人間は、
人の悪い所はよく目につくものです。気を付けていなくても悪い所やいけない行為は気にな
ります。その部分について指摘するのは簡
単です。一方で、褒めるという行為は、常
に対象となる子供たちを褒めてあげようと
いう気持ちがなければ、褒めることはでき
ません。そうしなければ、気付かないで流
れてしまうのです。

　人を褒めるときには、「褒めるという自
分のスイッチを入れ、スイッチをオンのま
ま壊す位の気持ちが必要だ」と考えます。
「褒めてあげよう！褒めてあげよう！」と
いう気持ちを常に持たなければ、子供を褒
めることはできないのです。

　それでは、褒める際にはどこに気を付ければよいのでしょうか。以下、「褒め方10か条」
を紹介します。

褒め方10か条

1. 小さなことでも進んで褒める。
2. タイミング良く素早い反応で褒める。
3. 三度褒め、言葉を惜しまない。
4. 事実を具体的に褒める。
5. 成果だけでなく、過程や努力を見逃さない。
6. 次の課題や改善点を見いだしながら褒める。
7. 言葉だけでなく、体全体で褒める。
8. スポットライトで映し出して褒める。
9. 褒めることを途中でやめない。
10. しんみりと成果を味わって褒める。

3.「きまり」の徹底が学級をより良くする法則

　学校や学級には大きな「きまり」から小さな「きまり」まで、さまざまなものがあります。大きな「きまり」は事故につながったり、人命に関わったりするようなこと、あるいは一人一人の人権に関わるようなことなどが挙げられます。これらの「きまり」は、子供が考えて決めるものではありません。生徒指導に加え、全教科・領域の中で行う道徳教育等を通して、指導の徹底を図っていく必要があります。

　大きな「きまり」ではない小さな「きまり」については、学級の中で決めていくことが大事です。低学年であれば、ある程度は担任が決めてあげる必要もあるでしょうが、なるべく子供同士が話し合いながら決めていくことが望ましいでしょう。

　教室の中には、目に「見えないきまり」がたくさんあるのです。掲示してあるような「きまり」がある一方で、掲示するほどではない「きまり」もたくさんあるのです。例えば、「机の上の教科書、ノート、筆記用具の配置」「自分の上着などをかけるフックのかけ方や使い方」「忘れ物をしたときの報告の仕方やその後の対応」「給食のときの並び方や片付けの仕方」「掃除の始め方や終わり方」「授業のときの挙手の仕方のきまり」等々です。これらの「きまり」を「見えないきまり」と呼びます。そうした「きまり」は、自分たちの生活をより良くすることを目指して子供たちと話し合いながら決め、大きな「きまり」については学校や教師からしっかりと伝えていくことが大事です。

（1）「見えないきまり」の作り方は？

　「見えないきまり」をどうやって作るかというと、良い行いをしている子を「褒める」ことで作っていきます。教室に入ってきたときに、しっかりとあいさつをした子を褒めれば、

「先生が教室に入ってきたときにはあいさつをする」というルールが出来上がります。始業式の日にあいさつについて褒める（指導する）ことができなければ、子供たちは「あいさつはしなくてよいものだ」と思ってしまいます。

机の上の整理がしっかりとできている子を褒めれば、自分も褒められたいがために、真似をする子も出てきます。その様子を褒めれば、小さな「きまり」は定着していきます。そしてその次の時間、また翌日…といった具合

に、整理整頓等ができている子を見逃さずに褒めていければ、クラス全体に浸透していくことでしょう。これは強制的なきまりではなく、子供たちが自ら進んで行う「きまり」にもなっていきます。

（2）全体に関わる「きまり」を決めるときは全体で！

休み時間などに、子供たちがこのように問い掛けてくることがあります。

「明日の図工の授業に、○○を持って来ていいですか？」

この時、即答してはいけません。細かい質問に一人一人対応していくと、後で「聞いた」「聞いていない」「あの子は許可されて、自分は許可されていない」など、人間関係を崩す要因になります。全体に関わる「きまり」の場合には、学級全体に投げ掛けることが大事です。学年の場合も同様で、自分のクラスだけ特別なものを持参していたり、特別な行為をやってよかったりすると、クラス間の人間関係も崩れます。全体に関わる「きまり」については即答を避け、クラス全体・学年全体で話し合い、方向性を決める必要があります。「きまり」を大切にするクラスは、学級経営に秩序と安心感を生み出し、より良い学び舎となるのです。

（3）その他「どうせ張るなら」こんな「きまり」

できていないことを張り出しても効果はありません。前向きになる掲示を心掛け、積極的な生徒指導をしていくことが大切です。常に前向きな言葉掛けで、子供を育てましょう。

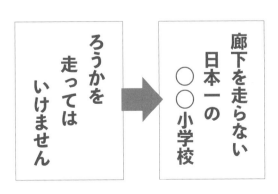

2 3年生担任の押さえておきたいポイント
―発達段階と道徳性の理解―

1. 3年生の体と心の発達

　3年生にもなると、行動範囲も一気に広がり、活発になってきます。体も心もたくましく丈夫になり、運動能力も高まってきます。学校での自転車教室などもあり、自転車に乗って遠出し始める子も出てきます。そうしたことから、子供の興味・関心は一気に広がりを見せ、活動範囲も広くなっていきます。

　また、できること、やれることも増え、自分でできることは自分でやろうとしたり、手を出されることや指示されることを嫌がったりします。親や教師に反発することもあります。その反面、まだまだ思い通りにいかず、イライラしたり、親や教師に甘えたい気持ちもあったりします。

　自分の好きなことに対しては集中して取り組む一方、苦手なことからは逃げたり諦めたりすることもあるなど、「自我」が芽生え始める時期です。

　また、自分のことだけでなく、周りにも目が向くようになり、仲間意識も強くなります。

2. 社会性・道徳性

　3年生頃から、友達同士の交流が活発になります。それに伴って仲間意識も強くなり、気の合う仲間同士で集団を作るようになります。また、互いの良さを認め合うことがまだ難しく、違いを受け止められずに感情的になり、トラブルを起こしてしまうことも少なくありません。

　一方では、正しいことと正しくないことの判断もできるようになります。しかし、楽な方に流されてしまったり、自分の弱さに負け

てしまったりすることもあります。その意味でも、正しいことを貫く強さや大切さを根気よく伝えていきたい時期です。また、自分たちで決めたことは「絶対」という強い思いがあり、何よりも自分たちで決めたことを大切に守ろうとする傾向があります。話し合いの場を上手に使いながら、社会性や道徳性を身に付けさせたいところです。

3. 指導に当たって

　3年生は「ギャングエイジ」などと呼ばれ、言葉遣いや態度がそれまでと一変したり、丁寧に書いていた字が雑になってきたりといった変化があります。しかし、それも一つの成長であり、自我が芽生えてきた証拠です。悪い変化に目を向けるのではなく、できていることやがんばっていること、一人一人の思いや考えを大切にしてあげる時期だと捉えましょう。

　また、仲間意識が高まるにつれ、学級への所属意識も高まってきます。その時期に、お互いに思いやりを持ち、明るく活気あふれる楽しい学級をみんなで協力し合ってつくっていけるように指導していくことが大切です。

　さらに、3年生になると新しい教科が一気に増えます。生活科の代わりに社会科と理科が登場し、書写では習字が入ってきます。学習する内容も難しくなり、量もぐっと増えるため、学習面での個人差が目立ってきます。3年生の学習は高学年の土台となる部分も多いので、ここでつまずかないようしっかりサポートしていくことが重要です。

　生活面では、給食や掃除などの当番活動や係活動など、働く楽しさや喜びを感じる一方で、働くことに負担を感じたり、面倒だと感じたりする子も出てきます。より一層、給食指導や清掃指導に力が入る学年です。

　そして、何より一人一人の興味・関心が広がり、個性が光ってくる時期です。子供たちのパワーが一気に加速します。そのことを楽しみながら指導していきたいものです。

4月上旬～中旬の
学級経営

　1年間のうちで最も大切だと言われるのが、年度当初の学級経営です。このPARTでは、学級が最高のスタートを切るために、4月上旬～中旬にすべきことなどを具体的に解説していきます。

1 学級開き
－＋αで「自主性と協力」を大切に－

1. 3年生の学級開き

　いよいよ、中学年。低学年と違い、学校生活にも慣れ、人間関係も安定します。6年間のほぼ真ん中に当たる3年生は、未来の学校生活の礎を作る重要な1年です。そんな1年のスタートとなる学級開きですので、素敵な出会いとなるよう、さまざまな小ネタ＆小技で「自主性」や「協力」を意識できる楽しい学級開きにしたいものです。

　そのためには、今までの学級開き「＋α」がとても大切になります。これから始まる幸せいっぱいの1年間を過ごすきっかけにしましょう。

2. 自己紹介＋α

　学級開きでは、まずもって自分（担任）の名前を覚えてもらうことが大切です。子供たちが帰宅すれば、保護者から「担任の先生は誰になったの？」と聞かれるからです。右のように、担任の名前を覚えてもらうと同時に、教師の願いと思いも伝えられれば一石二鳥です。

名前をつかって「願い」と「思い」を伝えます。

が んばる子をたがいにささえ合う学級にしたい。

く なんもいっしょにのりこえられる学級にしたい。

じ しゅてきにこうどうできる学級にしたい。

は きはきと話し、わかりやすい授業をします！

な かよく楽しくすごせるかつどうをたくさんします！

こ どもとたくさんふれあい、きずなをふかめます！

今年一年「がくじはなこ」をよろしくお願いします！

3. はじめての点呼＋α

　中学年で育みたい重要な資質の一つである「自主性」は、一人一人のやる気と判断力を高めることがポイントとなります。そのために、学級開きで心掛けたいことや工夫として、次の2点があります。

（1）子供たち一人一人の名前を丁寧に呼ぶ

　子供たちの名前を一人一人、丁寧に呼ぶだけで効果があります。できれば、名簿を見ずに覚えて呼びたいところですが、間違うのは良くないので無理をしてはいけません。何よりも、しっかりと子供の目を見て呼んであげましょう。

（2）ふれあいの方法を選択させる

　名前を呼んだ後、子供に右の①〜④のいずれかを選択してもらい、担任と行います。教師主導ではなく、子供たちが判断・実行することで、自主性を重んじる学級であることを実感できる時間となります。実際の展開（流れ）は、以下のようになります。

> どれにしますか？
> ①あく手
> ②ハイタッチ
> ③グータッチ
> ④礼（れい）

> T　3年〇組21番　〇〇〇〇さん（笑顔で目を見て丁寧に呼ぶ）
> C　はい！！（あらかじめ、元気良くあいさつするように伝えておく）
> T　元気の良いあいさつですね。（どんなあいさつでも「やさしいあいさつですね」「やる気満々のあいさつですね」「心のこもったあいさつですね」などと褒める）
> T　1年間よろしくお願いします。①〜④のどれがいいですか？
> C　③がいい‼（選べずに悩む子がいても、焦らずに待つ）
> T　③だね。分かったよ。よろしく！！（と言いながらグータッチをする）

　中には、「①〜④全部」と言う子もいるかもしれませんし、一つも選べない子もいるかもしれません。選べない子には、「①〜④で一番好きな番号は？」と聞いたり、「④の礼だけやろうか」と声を掛けたりします。そうすることで、「自ら選択する＝自ら判断する」ことの大切さを感じさせることができます。

　そして、何より「一人一人と向き合い、大切にする先生だ」との印象を与えることができます。学級開きの日は、どの子も不安や期待でいっぱいです。こうした「＋α」によって、ドキドキしている子供たちが、「ああ、このクラスで良かった」と安心できる時間と場をつくり出すことができるのです。

4.　協力の場＋α

　もう一つの重要な資質「協力」を育むための小ネタ＆小技を二つ紹介します。

（1）バースデイライン

　お互いの誕生日を知ることは、人間関係を円滑にするだけでなく、自己肯定感を高める上でも重要です。誕生日会のような集会を学級活動で実施するような場合は、なおさら重要に

なってきます。「バースデイライン」は、楽しみながら互いの誕生日を教え合うゲームです。

「バースデイライン」のルール

① 子供たちに誕生日の順番に、円状に並ぶように言います。
② ただし、一言もしゃべってはいけないこと、しゃべると失格になることを伝えます。
③ 完成したら、みんなで手を上げます。
④ 最後に、並んだ順番が合っているか確認します。全員が円の中心に向かって座り、4月の子から順に自分の誕生日を伝えていきます。自分の口でみんなに伝えることが大切です。

このゲームは、「バースデイカレンダー」や「誕生日列車」などを作成し、一人一人の誕生日を掲示する取り組みにもつながります。

いわゆる「整列ゲーム（ラインナップゲーム）」は他にもいろいろとありますが、学級開きにおいては「バースデイライン」が最も効果的です。成功しても失敗しても、「協力して取り組んだこと」を思いきり褒めてあげましょう。

また、しゃべらずに取り組むことで、「友達をよく見て、理解したい」「友達と一緒にがんばるぞ」など、思いやりや相互理解の大切さを実感することができます。

（2）円陣人間いす

「円陣人間いす」の手順は、次の通りです。

「円陣人間いす」

①バースデイラインが完成したら、そのまま円陣をキープしておきます。
②全員立って、右もしくは左（同じ方向）に向きます。
③前の子の両肩に両手を置きます。
④円を詰めていき、後ろの子の膝の上に座り合います。
⑤前の子の両肩に置いた両手を離し、両手を上に上げます。
⑥フラフラ・グラグラしなければ成功です。

フラフラ、グラグラしないためには、前後の間隔がとても重要になります。個々で座り始めてもうまくいきません。全員で座るタイミングを合わせることがとても重要になります。

　けがしないように周囲の環境に気を付けて、完成するまで繰り返しチャレンジさせてもよいでしょう。失敗を繰り返すうちに、互いに励まし合うなどして、自然に「協力」する姿が見られるようになっていきます。教師がこれといった指示をせずとも、リーダー的な子が「せいのっ！！」と声を掛けてくれることもあります。簡単な取り組みですが、3年生にとってはある程度の難易度があり、「協力」が必要なゲームとなりますので、とても盛り上がります。

　また、3年生という比較的性差や体格差のない時期だから、取り組める活動と言えるでしょう。なお、配慮が必要な子供がいたら、しっかりとサポートしてあげる必要があります。

　もし、1回のチャレンジで完成すれば、それは驚くべきことなので「素晴らしい！みんなの心が一つになったね。これからが楽しみです」「すごい、みんなが協力する気持ちがあったからできましたね。これからが楽しみです」などと、「協力」して達成したことを称賛しましょう。

　逆に、何度も失敗するようでしたら、「もう少し詰めてごらん」「タイミングを合わせてみよう」などとアドバイスをします。それでも成功しない場合は、「もう少しだったね。みんな協力しようとしていたから、次は絶対できるよ」と温かい声掛けをして、「できなくても、次にがんばればいいんだ」と子供たちに思わせるようにしましょう。

5.　また明日＋α

　学級開きの最後に実施したい小ネタ＆小技は、「学級開き記念写真」です。みんなと出会えたことに感謝するとともに、「これから1年がんばるぞ」というやる気を撮影しておきます。写真を印刷したら、学級目標付近に大きく掲示してもよいでしょう。1年のスタートの顔は、どの子もキラキラと輝いています。

　桜の花が満開なら、それをバックに撮れば「映え」ますし、学級通信などに掲載すれば保護者も喜びます。年度当初に業者が撮るフォーマルな写真とは違う「自然体の写真を担任が撮ることに意味があります。また、学級を閉じる3月にその写真を再び見ると、大きく成長した自分たちに出会えます。

2 朝の会
－「元気良く大きな声」を響かせる－

1.「元気良く大きな声」が教室に響き渡る朝の会

　朝の会は登校後に行われる最初の活動です。子供たちが気持ち良く1日の活動をスタートできるようにするためにも、大切な活動となります。「元気良く大きな声」が響きわたる朝の会を目指しましょう。

2.　朝の会の基本的な流れと活動のポイント

　朝の会のやり方はさまざまですが、1日のスタートとしてふさわしい活動となるような流れを考えましょう。朝の会は、1年間を通して同じ流れで行うため、年度当初に進め方をしっかりと考えておくことが大事です。

　基本的な流れを右に示しました。この流れに沿って、活動のポイントを見ていきましょう。

朝の会
（1）朝のあいさつ
（2）健康観察
（3）今月の歌
（4）今日のめあて
（5）1分間スピーチ
（6）先生の話

（1）朝のあいさつ

　朝のあいさつは、1日の中で初めて子供たちが声を合わせる活動です。「元気良く大きな声」で行うように心掛けましょう。このあいさつは学級の元気の良さを表すバロメーターとなります。ここで「元気良く大きな声」を出せない学級は、授業での発言も小さな声になり、活発な授業が展開できない学級になってしまいがちです。子供たちの元気が足りないなと思ったときには、やり直しをさせましょう。もちろん、教師が率先して「元気良く大きな声」であいさつをすることが前提です。

（2）健康観察

　健康観察は、子供の心身の健康状態を把握するという大切な目的があります。教師からの呼名に対して「元気良く大きな声」で返事ができているか、明るい表情をしているかなどを確認し、一人一人と向き合いましょう。また、一人一人の健康状態の把握は教師だけでなく、学級全体で行うものだと子供たちに伝えましょう。体調の悪い子を子供たち自身が把握することは、子供の健康状態の変化をいち早く把握し、適切な対応をすることにつながります。

（3）今月の歌

　朝のあいさつと同様、歌も「元気良く大きな声」で歌うのが基本です。朝からみんなで歌うという活動は学級に一体感をもたらし、子供たちに安心感や心地良さを与えます。曲によっては、美しいハーモニーを感じられるように歌うことも大切です。「今月の歌」は、子供たちが季節感を感じたり、学校行事に意欲的に取り組んだりできるようになる効果もありますので、しっかりと歌えるようにしていきましょう。

（4）今日のめあて

　1日の活動にめあてを持って取り組めるようにするために、日直からめあてを発表させましょう。前日にできていなかったことや、今月の生活目標にからめためあてを設定できるように促すことが大切です。

（5）1分間スピーチ

　朝の会では、多くの学級で日直からのスピーチが行われています。スピーチは子供たちの「話す・聞く力」を高めるために大切な活動となりますので、ぜひ活動として取り入れていきましょう。

　ただし、テーマもなく自由に話せと言われれば、子供たちにとって苦痛な活動になってしまいます。スピーチの基本的な流れやテーマを設定して、話し手も聞き手も迷うことなく、楽しみながらできる活動にしていきましょう。

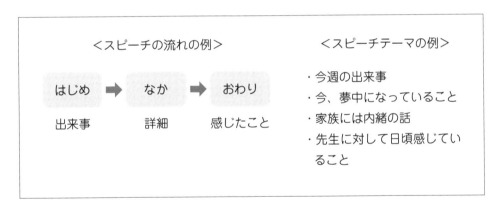

（6）先生の話

　ここでは、1日の活動の流れについて話をして、子供たちが見通しを持てるようにします。また、職員会議・集会、日報から得られた情報を子供たちに伝達する時間にもなります。子供たちにはしっかりと話を聞かせ、1時間目を落ち着いた雰囲気で始められるようにしていきましょう。

3 帰りの会
―「明日につながる」時間に―

1.「明日につながる」帰りの会

　帰りの会は1日の最後に行われる活動です。子供たちが1日を振り返るとともに、「明日も学校に来たい」と思えるような活動にすることが大切です。内容を充実させて「明日につながる」帰りの会を目指しましょう。

2. 帰りの会の基本的な流れと活動のポイント

　帰りの会のやり方は、さまざまですが、1日の締めくくりとしてふさわしい活動となるような流れを考えることが大事です。朝の会と同様、1年間を通して同じ流れで行うため、年度当初に進め方をしっかりと考えておきましょう。

　基本的な流れを右に示しました。この流れに沿って、活動のポイントを見ていきましょう。

帰りの会
（1）めあての振り返り
（2）係・当番からの連絡
（3）先生の話
（4）帰りのあいさつ

（1）めあての振り返り

　朝の会で日直から発表されためあてに対して、どのくらい取り組めたのかを振り返ります。めあてを達成できた子に手を上げさせて数を確認する方法もあれば、めあての達成状況について学級全体や生活班で話し合う方法もあります。話し合わせる場合には、できた理由、できなかった理由、明日はどう過ごしたらよいかなど、話し合わせる内容を明確にしておくことが大切です。ここで話し合わせたことが、翌日の朝の会のめあてにつながっていくと理想的です。「朝の会のめあての発表」が子供たちのめあて達成のための「行動計画」となり、「帰りの会の振り返り」がめあての「評価」や翌日の日直のめあての設定（「改善」）となるとよいでしょう。わずかな時間で

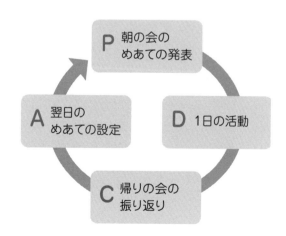

すが、子供たちがPDCAサイクルを意識できるような活動にすることが大切です。

（2）係・当番からの連絡

　係・当番からの連絡は、係からの告知や当番からのお願いなどを周知する時間です。時間が取れる日は、係活動の出し物をしてもよいでしょう。係活動が充実してくれば、この時間が楽しい時間となってきます。クイズやなぞなぞが出されたり、マジックやお笑い、演劇などが催されたりすることで、学級が盛り上がり、明日への意欲を高めることができます。

お話係からの読み聞かせ

表彰係からの賞状授与

　また、当番からの連絡では、当番活動をしている中で困ったことをお願いすることができます。例えば、配り当番から「配る物に名前がなくて困っています。持ち物には必ず名前を書きましょう」などと、活動をしている中で気付いたことを子供たちから発信していくことができるようにしていきたいものです。

（3）先生の話

　ここでは、教師が1日の活動を振り返り、子供たちの良さを認め、褒めていくことを心掛けます。授業の準備の様子やあいさつ、休み時間の過ごし方や給食や掃除の時間の活動の仕方など、具体的な活動に即して褒めることで、翌日からの子供たちの動きが変わります。できていないことを取り上げて指導するのも大切ですが、子供たちのがんばりを認める姿勢を大切にしていく必要があります。そうした教師の姿勢が、子供たちの明日への意欲を高め、「明日につながる」帰りの会へとつながっていくのです。

（4）帰りのあいさつ

　帰りのあいさつは朝のあいさつと同様に「元気良く大きな声」で行うことが大切です。みんなで声をそろえてあいさつをすることで、明日も学校が楽しみに感じられるようになります。「明日の運勢を占うじゃんけん」と題して、教師と子供たちでじゃんけんをしてもよいでしょう。「明日につながる」帰りのあいさつにしていくように心掛けてください。

4 授業開き 各教科最初の授業
－3年生の授業開きの「いろは」－

1. 3年生の授業開き

　3年生になれば、教育課程が大きく変わります。生活科がなくなり、社会科・理科が登場します。例外もありますが、音楽科ではリコーダー、書写では習字がスタートします。新しい教科や学習活動に子供たちは目を輝かせて、少し成長できたことを実感しながら、3年生の生活をスタートさせます。

2. それぞれの授業開き ―「教科クイズ」でわくわくを!!―

　子供たちは、「理科って何をする教科？」「社会科ってどんな勉強？」と好奇心旺盛です。そのタイミングで「教科クイズ」を開催し、子供たちのわくわくしている気持ちをさらに高めて、それぞれの教科の授業開きにつなげていけるようにします。

教科クイズ例

第1問、ジャイアンのような丈夫な体がつくれます（答え：体育）
第2問、いつかドラえもんの道具をつくれるかもしれません（答え：理科）
第3問、アンパンマンなような人になれるかもしれません（答え：道徳）
第4問、ジャムおじさんがやっているようなことを学びます（答え：社会）

　お馴染みのキャラクターを使ってこのような問題を出し、盛り上げてもいいでしょう。キャラクターを使わなくても、それぞれの教科書の目次に記載されている単元名を読み上げて、教科クイズにすることもできます。これらのクイズで最も重要なことは、それぞれの教科の「楽しさ」を伝えることです。

3. 学ぶ楽しさを仲間と共に ―学級活動「間違いさがし」―

　仲間と関わって学ぶ「楽しさ」を実感させることはとても大切です。そこでお勧めしたい小ネタ＆小技は「間違いさがし」です。

今は、さまざまな「間違いさがし」の教材がネット上に公開されているので、著作権に気を付けながら活用してみてください。

ここで気を付けたい「間違いさがし」は、なるべく難しく、間違いの多いものにすることです。

間違いさがしの活動例

- 間違いの総数を事前に伝える。
- グループで必ず話し合う。
- けんかをしたら失格。
- 4つ見つけたら先生に伝える。
- 伝える人は毎回違う人にする。
- 全ての間違いを早く見つけたグループが優勝。

ここで大切なのは、仲間との学び合いです。アクティブ・ラーニングにつながる学び合いの楽しさを子供たちにたっぷりと味わわせることを重視します。

恐らく、子供たちは勝ち負けにこだわるでしょう。でも、教師からは勝ち負けではなく、「どのグループも友達と協力できたね」「どのグループも仲良く話し合えて、素晴らしかったよ」などと評価することが大切です。そのような仲間との成功体験が、全ての教科での学び合いの基礎・基本となります。

4. 学びの基本は学習環境から
―文房具（筆箱）チェック「となりの筆箱さん」―

各教科の授業開きで大切なのは、日々使用する文房具である筆箱です。そこで、隣の子とペアで「筆箱チェック」をします。ただし、整っていなくても相手の筆箱を悪く言ってはいけないことをルールとします。良いことを見つけて伝え合うように言います。

保護者会などで、筆箱の重要性を事前に説明しておく必要もあります。美しく整った筆箱の持ち主は、授業に集中して学力向上が望めます。

〈チェック項目〉例

- □ 鉛筆は5本以上あるか。
- □ 鉛筆は削ってあるか。
- □ 勉強に集中できる物か。
- □ 消しゴムは、きれいか。
- □ 定規は、入っているか。

国語の授業開き −最初の授業をどうする？−

1. 国語は好きですか？

　国語はどの教科よりも時間数が多い教科です。そんな教科だからこそ、子供たちが楽しく学べる授業にすることが大切です。

　「国語は好きですか？」と聞かれたらなんと答えますか？「はい」「いいえ」どちらの答えでも、それが授業づくりの上で大事な視点となります。「はい」なら国語の楽しさや面白さを子供たちに伝えられるでしょうし、「いいえ」なら国語が苦手な子供たちの考えに寄り添うことができます。つまり、それぞれの視点を生かすことで、楽しく学べる国語の授業を作っていくことができるのです。

　3年生の子供は、教師をよく見ています。ですから、自身も無理をせず、自分の考えを生かし、楽しいと思える授業を作っていくことが大切なのです。

2. 見通しを示す −明るい未来と成長した姿をイメージさせる−

「1年間、こんなことを勉強したら、こんなことができるようになります！」

　最初に、子供たちに明るい未来と、成長した自分たちの姿を示します。どのように示すかというと、簡単です。目次を見ながら子供たちに「こんな学習をすると、こんな力が付くよ。そうしたら、○○ができるようになるよ」と説明します。

　例えば、「『きつつきの商売』というお話を学習すると、読んで想像したことを伝え合えるようになるよ。そうしたら、登場人物の行動や気持ちについてたくさん気付いたり考えたりすることができて、『本を読む名人』になれるね」といった具合に、学習することで「できること」が増えること、また「こんな力が付く」ということを示します。子供たちは「名人」や「博士」などが大好きなので、「なんか楽しそう」と思えたり、学習することの意味や大切さを感じたりすることが重要です。

3. 最初の1時間

　最初の授業で子供たちは、新しい教科書と真っ白なノートやドリルを持っています。これから始まる新たな挑戦に胸を膨らまし、「がんばるぞ」と意欲にあふれています。そんな貴重な1時間で、やっておきたいことは次の3つです。

① 学習の見通しと成長の姿を示す
② 学習のルールを確認する
③ 次の時間の予告をして、楽しく終わる

　①の「学習の見通しと成長の姿を示す」は、先ほども述べたように「1年間、こんなことを勉強したら、こんなことができるようになります！」と最初に、子供たちに明るい未来と、成長した自分たちの姿を示すことです。ここで、子供たちに自分の未来予想図を書かせたりしてもよいでしょう。

　②の「学習のルールを確認する」については、それぞれの学校でノートの書き方や学習の流れなどをルール化している場合もあると思います。そのルールを徹底させるためには、最初の授業でしっかりと、それを示すことが大切です。教科書やノートも真っ白なように、子供たちの学習に向かう姿勢も真っ白です。ですから真っ白なうちにしっかりとルールを示し、子供たちが安心して、かつ自信を持って授業に臨めるよう準備を整えてあげます。

　③の「次の時間の予告をして、楽しく終わる」ですが、最初の授業はどうしても教師の話や説明が長くなってしまいがちです。そのため、言葉遊びをしたり漢字ゲームをしたりして、楽しく終わるようにしましょう。また、楽しみやわくわく感が途切れないよう、次の時間に学習することや内容も伝えて終わるようにします。

図1　板書例

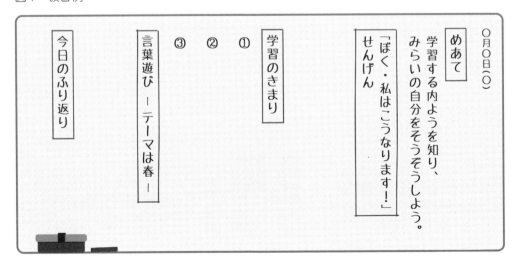

算数の授業開き－見方・考え方を大切にする授業－

1. 導入：九九を使ったゲーム

　導入では、九九を使った簡単なゲームを取り入れ、2年生で習った九九を楽しく復習し、学習への意欲づけを図ります。

（1）九九早押しゲーム1

①ペアで机を隣り合わせにし、間に消しゴムを置きます。
②教師が九九の式を言います。例）「さぶろく（3×6）」
③教師が言った式に対する答えを言い、言い終わったら消しゴムを取ります。

　　例）「18」→消しゴムを取る

④先に消しゴムを取った方が勝ちとなります。

（2）九九早押しゲーム2

①ペアで机を隣り合わせにし、間に消しゴムを置きます。
②教師が九九の答えを言います。例）「18」
③教師が言った答えになる式を言い、言い終わったら消しゴムを取ります。

　　例）「さぶろく（3×6）」→消しゴムを取る

④先に消しゴムを取った方が勝ちとなります。

2. 展開～まとめ：新幹線の乗客の数え方～

　展開では、九九を使って解ける問題に挑戦します。問題を提示する前に、子供たちが問題を解いてみたいと思わせるようなエピソードを示します。例えば、春休みに教師が新幹線に乗って旅行に行ったときの話などをしながら、以下のような問題を提示してみましょう。

問題

　次の新幹線の車両には、何人の乗客がいるでしょうか（●が乗客がいる席）。

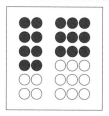

T：どのように求めたらよいでしょうか？ペアで話し合いま
　　しょう。
C：左の列は2人ずつ座れる席になっているよね。
C：右の列は3人ずつ座れる席だね。
T：どのようにすれば問題が解けそうですか？
C：九九の計算が使えそうです。
T：九九の計算を使えば、一人ずつ数えなくてもよさそうです
　　ね。では、今日の課題はこれにしましょう。

課題　九九の計算を使って求めよう

T：九九の計算をどのように使うことができそうですか？問題を解くための見通し
　　を持てるよう、話し合いましょう。
C：2の段と3の段を使って計算すれば解けそうだよ。
C：5の段で考えた方が早いんじゃない。
T：2の段と3の段、5の段を使うという考えが出てきましたね。
　　では、実際に解いてみましょう。

（子供たちが自身で問題を解く）

T：どのように解きましたか？
C：左の列と右の列で分けてみました。左の列の席は2×4＝8になり、右の列は
　　3×3＝9になります。それらを合わせて8＋9＝17です。
C：2人ずつの席と3人ずつの席を合わせて横一列で5人だと見ました。だから5
　　×3＝15、余った2人を合わせて15＋2＝17です。
T：どちらも同じ17人になりましたが、使った九九の段や式が違いましたね。ど
　　うして違いが出たのでしょうか？
C：座っている人をまとまりで見たときの、まとまりのつくり方が違ったからで
　　す。
T：そうですね。まとまりの見方によって、考え方が変わったのですね。これから
　　の算数の学習では、このような見方や考え方を大切にしていきます。たくさん
　　の見方や考え方が出てくると授業が面白くなりますよね。授業でたくさんの見
　　方や考え方を出すためにはどうすればよいと思いますか？
C：みんながたくさん発表することです。
T：そうですね。これからの算数の授業では、たくさんの見方や考え方を出すため
　　に、たくさん話し合って、たくさん意見を発表しましょう。1年間の学習を通
　　して、たくさんの見方・考え方に出会えるとよいですね。

道徳科の授業開き －最初の授業は「原点回帰」－

1. 3年生の授業開き

　3年生になれば、すっかり学校にも慣れ、それぞれの教科で何をどのように学ぶのか理解しています。道徳科においても同様です。そこで、原点に返って意味のある授業開きを考える必要があります。「3年生の道徳って、やっぱり楽しい！面白い！」と感じてもらえる、とっておきの授業開きを紹介します。

2. 道徳という文字に注目

「道徳は、漢字で書くと『道徳』と書きます。」

　こう板書して、**「何か気が付いたことありますか？」**と問い掛けます。

　子供たちは「道って書いてある」と答えてくれます。そこで、「何の道ですか？」と問い返したり、板書に道を書いたりします。ここで大切なことは、さまざまな答えを全て温かく受け止めることです。時には、「人生」や「生きる道」など、道徳科らしい発言が出てくることもあります。

　ある程度の考え（発言）を聞いてから、**「じゃあ、徳は？」**と問い掛けます。子供たちは、さまざまな反応を示すでしょう。ここでも「道」と同じように、多くの考え（発言）を聞き、受け止めていきます。

　3年生の子供にとって、「徳」という文字の意味を解説するのは、難しいものがあります。ですから、字を分解するように助言します。

「あ、行人偏と十と目と心。」

　こう答えてくれると思います。ここまで来れば、あとは子供たちの想像力・創造力に期待しましょう。

　「人のこと＋目と心で考える」や「人のやることをよく見て、心で考える」など、「徳」の文字をいろいろな見方で表現します。

　その後、2つの文字の関連を考えていきます。最終的に

> ● 「道」は、人生であり、未来へ向けて、より良く生きていくこと
> ● 「徳」は、自分の行いをよく見て（考えて）、良き心の重要性を知ること

といった感じになります。（上記の考えは、授業者によって異なると思いますので、自身の解釈で目の前の子供たちとつくり出してください。）

3. 板書例

4. 授業開きに「感動・畏敬の念」を

　とっておきの感動写真を黒板に掲示します。すると子供たちは「わあ、きれい！」と感嘆の声を上げます。

「きれいなものって、他にありますか？」

　続いてこう問い掛けると、子供たちは次から次へと発言します。ここでは、できればクラス全員の声を聞きたいところです。

　多くの考え（発言）を聞いた後に、**「どうしてきれいだと分かるのですか？」**と問い掛けます。「だってきれいだから…」「きれいなものはきれい…」などと、教室は一気に静まり返るかもしれません。

　でも、この沈黙を恐れてはいけません。そうした「考える時間（シーンとする時間）を共有すること」こそが、道徳の授業では大切なのです。もし、何も答えなくなれば、「どれも

きれいだよね。みんな、同じ心を持っているね！」と話し掛けたり、相田みつを氏の詩を掲示したりします。そして、「道徳は、皆さんが持っている美しい心について考える勉強です。これからも楽しみです」などと優しく語るだけで、教室の空気はほわほわとしたものになるでしょう。感動のある最高の授業開きが実現できます。

5 学級目標を立てる
ー具体的な手順と掲示の工夫ー

1. 学級目標って本当に大切?

　この本をお読みの方にお聞きします。毎日の学校生活の中で、学級目標を意識して生活していましたでしょうか?

　まず、自身が小学生だったときに、意識して生活していたという人は、ほとんどいないと思います。また、担任として学級経営をしている立場であっても、この質問に力強く「はい」と答えられる人はそう多くはないと思います。にもかかわらず、日本中の教室に掲げられている学級目標。これは本当に必要なものなのでしょうか。

2. 学級目標の意義

　学級には多くの子供たちが所属しています。物事への考え方や感じ方はそれぞれ異なり、まさに十人十色です。しかし、子供たちが好き勝手に学び、生活すると学級はどうなるでしょうか。いわゆる「まとまりのない学級」になってしまいます。

　異なる子供たちが共に学び、生活していくからこそ、そこには共通する目標が必要となってきます。みんなが同じ目標に向かって成長していく、これは集団生活でしかできない体験です。学級目標は、子供たちの課題を改善し、より良く成長していくために必要なものなのです。

3. 学級目標の在り方

　学校の教育活動は全て、学校教育目標の実現のために行われています。学年経営も学級経営も、学校教育目標の実現に向けて行われるものなのです。そのため、学級目標は、学校教育目標や学年目標と方向性を同じにする必要があります。

　そうしたことから、教師の中には、学校教育目標や学年目標の言葉を少し変えて、学級目標をつくろうとする人もいます。しかし、こうしてつくられた学級目標は、学級の子供たちにふさわしい目標とはなりません。それこそ、誰も意識しない学級目標をつくり出してしまうことになります。

　学級目標には、「どのように成長すべきなのか」「どのように成長したいのか」といった子供たちの考えや願いを取り入れましょう。子供たち自身に目指す姿をイメージさせること

が、目標を大切にするために必要なプロセスです。また、教師の考えや願いも大切です。子供の目指す姿と教師の目指す学級経営が、軌を一にする学級目標をつくることが求められます。

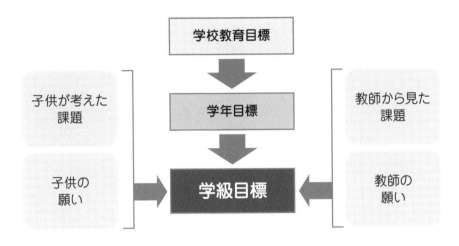

4. 学級目標のつくり方

　学級目標のつくり方は、さまざまです。一番多いのは、学級会で話し合って決めるという方法でしょう。その場合には、キーワードとなる言葉をいくつか挙げて、その言葉をつなぎ合わせて決めていく方法が多く取られています。この方法のメリットは、子供たち自身が考えた言葉が学級目標に入ることで、学級目標に愛着が持てるようになることです。

　一方で、この方法では、学級の実態にそぐわない目標ができてしまう可能性もあります。そこで、学級会の前に以下のような流れを取り入れてみましょう。

【学級会までの流れ】

① 子供たちに昨年度までの生活を振り返らせ、課題を明らかにする。また、自分たちがどのように成長していきたいのかも考えさせる。

② 教師から見た課題や教師の願いを伝える。例えば、休み時間の過ごし方や廊下歩行のし方、指示がなければ進んで行動できないことなど、教師の立場から見て感じた課題を伝える。また、これらの課題を改善し、低学年の手本となってほしいなどといった願いも伝える。

③ 子供たちが考えた自分たちの課題や願いと教師から見た課題や願いをもとに、話し合う。学級目標はできる限り短く、みんなが覚えていつでも口にできる合言葉のようなものがよい。

5. 学級目標の生かし方

（1）学級目標の掲示

　学級目標は、意識し続けることが大切です。掲示場所や掲示方法を工夫することで、常に意識させることができます。また、毎日の生活や行事などで学級目標の実現に近づいたと考えられる姿を見つけたら、すかさず褒めましょう。「学級目標の実現＝自分たちの成長」だと捉えると、子供たちはさらに目標を意識して生活していくことになります。

　下のイラストは、学級目標を常に意識できるように工夫した掲示物のイメージです。学級目標は宇宙の星にあり、ロケットには学級のみんなが乗っているという設定です。ロケットは動かすことができるようになっています。「1年間をかけて、みんなが乗る3年1組号が学級目標星にたどり着けるようにがんばろう」という意欲づけを狙った掲示物です。

　目標を立てた後は、月ごとに学級目標の振り返りをします。振り返りの結果に応じてどれだけロケットが前進できるかをみんなで決めます。学級目標の実現から遠ざかっているとみんなが判断した場合は、ロケットを後退させます。こうした掲示物を活用することで、日々、学級目標を意識して生活する子が増えてきます。

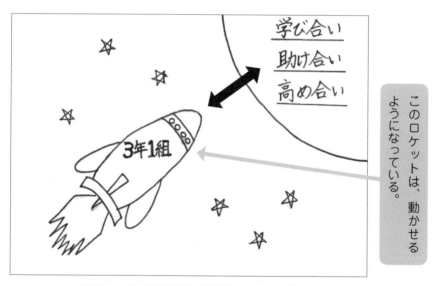

工夫された学級目標の掲示物のイメージ

　他にも、学級全員の似顔絵を学級目標の周りに飾ったり、手形を押したりするなどの方法があります。いろいろな方法を子供たちと相談して決めるとよいでしょう。

学級目標の周りに手形を押した掲示物

（2）学級目標を生かした学級旗

　学級旗を学級で作り、学級目標を載せるという工夫もあります。学級旗は運動会などの学校行事で活用すれば士気が高まり、学級に一体感をもたらしてくれます。また、日頃の学校生活においても、みんなが学級目標に向かって進んでいく意欲を高めることができます。

　学級旗には、学級目標の掲示物と同様に、子供たちの似顔絵や手形、好きなものを載せてもよいでしょう。ぜひ、学級目標を生かした学級のオリジナルの旗を作ってみてください。

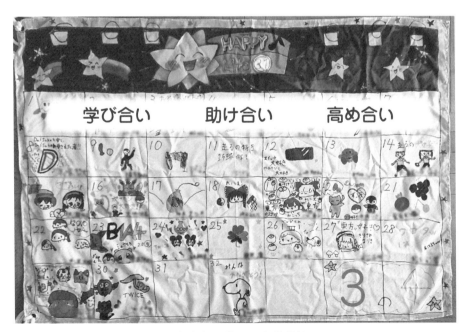

学級目標を生かした学級旗

6 係・当番活動
ー当番・係活動の進め方ー

1. 係活動と当番活動

3年生になると、今まで以上に仲間意識も生まれ、友達との関わり合いも密になってきます。そんな時期だからこそ、係活動と当番活動は、明確に分けて活動していくとよいでしょう。

一般的に、「係活動はなくても困らないもの」「当番活動はないと困るもの」として位置付けられています。係活動は「なくても困らないもの」なので、クラスやみんなのために、自分の良さを生かした自由な活動をすることができるのです。

具体的にどのようなことかというと、「給食」や「掃除」は、なくては困るので「当番活動」。学級レクや学級新聞は、なくても困らないので「係活動」というように位置付けています。

整理すると……。

「係活動」とは、

● なくても困らないが、あると楽しく、クラスが潤う（学校生活が送りやすくなる）もの。
● クラスのために自分の好きなこと、好きな活動ができるもの。
● さまざまな工夫ができるもの。

「当番活動」とは、

● ないと困る（学校生活が送りにくくなる）もの。
● みんなが平等にやらなければならないもの。
● 工夫がしにくいもの。

それでは「当番」の仕事は給食と掃除だけでしょうか。確かに給食と掃除は学校生活における「2大当番」と言ってもよいかもしれません。ないと困りますし、全員が平等に必ず決められた通りにやらなければいけません。「給食と掃除を制する者は学級を制する」と言われるほどです。当番と係の区別をつける際、最初に例示する当番としては、子供たちに馴染みのある「給食当番」や「掃除当番」の話をするのがよいでしょう。しかし、当番活動はその2つだけではありません。

　各学級で「ないと困る、必要だ」と感じるものは全て「当番活動」になるのです。また、同じように「あったら楽しい、クラスのためにやってみたい」ものは全て「係活動」になります。大切なのは、子供たちがしっかりと活動の内容を区別し、動けるかどうかです。

　次に、実際に当番と係活動の担当を決める場面について解説していきます。

2.「当番活動」「係活動」の決め方 －分類する－

「それでは、当番と係を決めます。皆さん、どんな当番や係がいいですか?」

　こう問い掛けると子供たちは、「黒板係」「くばり当番」「新聞係」など、当番や係をごちゃまぜに挙げてきますが、この段階ではそれらをどんどん板書していきます。

「たくさん挙がりましたね。では、当番と係の違いは分かりますか?」

　次にこう問い掛け、当番と係の違いを意識させます。低学年のうちは区別せずに活動することも多いので、3年生に上がったこの時期に、しっかりと違いを意識させておくとよいでしょう。ここで、前述した**「当番活動とは…」「係活動とは…」**の内容を子供たちに説明します。

　子供たちに「当番活動」と「係活動」の考え方が伝われば、あとは簡単です。

「ここに書かれたこれらの活動を当番と係に分けてみましょう。」

　そう言って、黒板に書かれた活動を当番と係に分類します。子供たちが分類に迷ったときには、「ないと困るかどうか」「活動の工夫がしやすいかどうか」を判断材料として提示するとよいでしょう。

　こうして、当番と係が分類されたら、まずは当番活動から決めていきます。

3.「当番活動」をうまく機能させる

　給食と掃除も当番ですが、まずはそれ以外の「学級を運営する上で必要な当番」を決めていきます。学級の当番の活動で大切なことは、係活動と違い、

> ① 仕事が毎日ある
>
> ② 全員平等に行う

ということです。

　この２点を意識し、当番活動を決めていきます。先ほど、子供たちと整理した中で上がってきた当番活動だけでは、「全員が平等に行う」のは難しい場合があります。その場合は担任が当番活動の提案をします。

　当番活動には２つのやり方があります。一つは「１人１役」での当番活動です。もう一つは、グループでの当番活動です。どちらの場合も、クラスの実態に合わせて、子供たちと担任で決めていきます。

　３年生の場合、自主性を身に付けさせる上でも、「１人１役」にして、まずは仕事をすることに慣れさせ、仕事をする習慣をつけさせることがお勧めです。

　一方、グループでの当番活動の場合は、お互いに声掛けをしながら仕事に取り組めるというメリットがあります。その場合は、仕事の内容に合わせてグループの人数を調整し、全員が毎日、何かしらの仕事ができるようにしましょう。

《一人一役の場合》
・黒板当番①　小川
・黒板当番②　上田
・黒板当番③　及川

《グループの場合》
◎黒板当番
　小川、上田、及川

　当番活動を充実させ、子供たちが仕事をしっかりと行い、心身ともに成長するためには、どのように工夫をするとよいのでしょうか。大きく分けて二つあります。

> ① 表などを工夫して、活動したかどうかが目に見えること
>
> ② 「報告をさせる」こと

　具体的にどのようなやり方があるのか紹介します。

【1人1役の当番のチェック表】

当番表	終了☆	
黒板①	小川	
黒板②		及川
黒板③		上田
落とし物	熊谷	
配り①	林	
配り②	佐藤	
健康観察		大塚
名札	森	
手紙	安倍	

名前はマグネットシートで作成し、自由に動かせるようにします。

仕事が終わった人は、「終了☆」の列に自分のマグネットを移動させます。仕事したかどうかが、一目瞭然です。

全員の仕事が終われば、名前のマグネットが左側の列に並びます。翌日はこの「終了☆」のマグネットだけ反対側に移動させればOKです。

【グループでの当番のチェック表】

当番表	終了☆	
黒板	小川	
		及川
		上田
落とし物	熊谷	
配り	林	
	佐藤	
健康観察		大塚
名札	森	
手紙	安倍	

グループでの当番の場合もチェック表の作り方や使い方は同じです。一人一人の活動が見えやすいようにします。

【当番活動の例】

- 掃除用具片付け
- 時間割掲示
- 机整頓
- 電気・窓

- 机の整頓
- 日付け
- 給食台
- 黒板

- 今日の目標
- 名札
- 本棚整理
- 落とし物　など

- 手紙
- 配り
- 下駄箱

4. みんなが喜ぶ「係活動」の進め方

　係活動も子供たちとの話し合いを通じて、やりたい活動を黒板に整理していきます。なかなか係が出てこないときは、

「自分がクラスやみんなのためにこれならやれる！やりたい！と思うことを考えてみてください。それが係になります。」

と投げ掛け、自由に発想させていろいろな係を提案させてみましょう。

　係がたくさん挙がったら、次にメンバーを決めていきます。

　係は「クラスのために自分の好きなこと、好きな活動をする」ものなので、各係の人数が何人になっても構いません。もちろん、一人の係があっても、同じ係に人数が集中してしまうことがあっても許容します。ただし、

「仲の良い友達を選んで、自分の好きな係にしなかった場合は、自分の好きな活動ではないので長続きしません。」

ということを、伝えておきます。

　同じ係に複数の子供が集中してしまった場合は、その中で一人一人ができることを考えさせます。例えば、極端ですが、全員が新聞係を希望したら、一人一人自分の好きなテーマで、さまざまな新聞を作らせればよいのです。

【係活動の例】

- 新聞
- お笑い
- イラスト作成

- 占い
- 料理レシピ紹介
- 天気よほう　など

- クイズ
- マンガ

- レク
- ポスター

- 手品
- 図書

- ダンス発表

係活動を始める前に

　そうして、全ての子供が所属する係が決まったら、思い思いの活動を始めていくことにな

ります。それぞれの係がしっかりと活動するためにも、以下のことを大切にしましょう。

① 活動内容を明確にする（いつ・だれが・どこで・何をするか）
② 報告する・振り返る

　各係でポスターを作ると思いますが、その際にはよく相談した上で、①の内容をしっかりと明記させます。また、その下に活動報告書を貼り、活動した内容を記入させるようにすると、係のポスターを見れば、だれが、どの程度、仕事をしたのかがよく分かります。
　また、やらせっぱなしではだんだんと活動しなくなったり、活動の差が出てしまったりします。2週間に1回は、係活動の振り返りをするとよいでしょう。その際は、活動報告書に振り返りの欄も設け、そこに記入するようにします。そうすることで、各係の活動の様子を担任も把握しやすくなります。振り返りの欄には担任からの一言やシールを貼るなど評価も入れてあげることで、活動が活発になります。

【活動報告書の例】

日付	活動内容 【いつ・だれが・どこで・何をしたか】	ふり返り
11/20	昼休み　木村・及川　教室で新聞作成	
11/23	朝　木村　新しい新聞をはり出した	
11/27	給食の時間　係会議	新聞を計画的に書けたのでよかった。

学級会
―より良い学級づくりのために―

1. 学級会とは

　学級会は、特別活動における自発的・自治的な活動の中心となる内容で、「学級活動（1）学級や学校での生活をより良くするための課題を見いだし、解決するために話し合い、合意形成し、役割を分担して協力して実践」する自主的・実践的な活動のことです（学習指導要領より）。特に、自分と違う意見や少数意見を尊重し、安易に多数決をするのではな

く、折り合いをつけながら集団としての意見をまとめることの大切さを理解したり、合意形成のための手順や方法を身に付けたりすることで、その他の特別活動の内容にも生かされることにつながります。ですから学級会では、課題解決のために提案理由をもとに話し合い、多様な意見をまとめ、合意形成を図っていきます。そして、決まったことは全員で共通理解し、忘れずに振り返りを行いましょう。

学級活動（1）学級や学校における生活づくりへの参画　学習過程（例）

　（1）は、全員で協力して楽しく豊かな学級・学校生活にするために、みんなで取り組みたいこと、作ってみたいこと、解決したいことなどの課題を取り上げる。

事前の活動
①問題の発見・確認
　　生活上の諸問題から課題を見いだし、学級全員で**議題**を決定する。

本時の活動・話し合い活動
②解決方法等の話し合い
③解決方法の決定
　　内容や方法、役割分担などについて意見を出し合ったり、比べ合ったりしながら話し合う。
　　意見の違いや多様性を認め合い、折り合いをつけて集団として「**合意形成**」を図る。

事後の活動
④決めたことの実践
⑤振り返り
　　決定したことについて、自己の役割を果たしたり、互いの良さを生かして協働して実践したりする。
　　一連の実践の成果や課題を振り返り、次の課題解決に生かす。

---

2. 学級会を始める前に

　3年生は、新しいことは「とにかくやってみたい！」というほど好奇心にあふれ、どんなことにも積極的に取り組む子が多く見られます。学級会についても、低学年までに、みんなの前で意見を発表したり、みんなで決めたことを実践したりと、楽しかった経験をしてきています。一方で、学級会はそのクラス独自の話し合い活動であり、一つとして同じものはありません。また、クラスによって経験値の違いもあることが予想されます。基本的な手順や流れを丁寧に指導しながら、次のようなことを事前に確認して進めていきましょう。

■**学級の状況確認（集団における基本）**
　→ 学級目標の設定。昨年度までの経験の有無。
　→ 給食・掃除当番や日直など、常時活動の様子。

■**問題や課題に気付かせる「仕掛け」づくり**
　→ 議題ポストの設置、ありがとうカード作成。
　→ 学級日誌や個人の日記、休み時間の交流。

■**司会グループの編成**
　→ 1グループ5〜6人程度（名簿順等、機械的に組んだグループでよい）、1年間固定（もしくは一巡するまで固定）。司会、黒板記録、ノート記録の役割を全員が経験できるように輪番制（ここに提案者と担任を加えたメンバーが計画委員会となる）。

■**学級会グッズの作成（学校全体で作成しているところもある）**
　→ 黒板掲示（議題、提案理由、めあて、話し合うこと、決まったこと、賛成・反対マーク、話し合いの流れ、時間表示、意見用短冊等）
　→ 司会グループの役割名札、学級会ノート、計画委員会活動計画、提案カード

■**学級活動コーナーの確保**
　→ 教室内の側面や背面などを活用し、学級会開催までの流れや次の学級会の予告、今までの学級会の足跡、実践の様子の写真等を掲示しておく。

資料1　提案カード

ていあんカード
ていあんした日（　／　）　名前（　　　）
○でかこみましょう。
| みんなでやってみたい | みんなでつくりたい | みんなでかいけつしたい |
ていあんしたいこと

理由

＿＿＿＿さん、ていあんしてくれてありがとう！！

このていあんについては・・・
1　学きゅう会で話し合います。
2　（　　）係におねがいします。
3　朝の会・帰りの会で話し合います。
4　先生にそうだんします。
5　そのた（　　　　　）

---

3. 学級会の進め方と手順

　学級活動（1）の基本的な流れに基づいて、学級会を進めていきましょう。低学年までは、担任が中心となって進めてきたケースが多いと思います。3年生からは、少しずつ自分たちで進めていけるよう、必要な場面で助言をし、自信を持たせながら一緒に取り組んでいきましょう。

事前の活動

①問題の発見（議題の集め方）
　・議題ポストへの提案
　・朝、帰りの会での話題
　・学級日誌や子供の日記
　・係、当番活動の感想
　・休み時間や給食時の交流

オリエンテーションを踏まえ、学級会とは何のためにあるのか、どのような時間なのか、など担任が意義や目的について繰り返し指導することが大切です。その上で、みんなでしてみたいこと、作ってみたいこと、クラスがもっと良くなることなどの視点を示し、問題発見の力を育てましょう。

②議題の選定（計画委員会）
③議題の決定（学級全員）
④活動計画の作成（計画委員会）
　・提案理由を明確にする
　・めあて、話し合うことの決定
　・役割分担
　・決まっていることの確認

選定の際は、「全員で話し合うべき議題かどうか」「自分たちで解決できる問題かどうか」などの視点で整理しましょう。

提案者と一緒に、提案理由とめあてを整理します。
①現状の問題点（今、こんな状況）
②考えられる解決策（こうすれば）
③解決後のイメージ（こうなりたい、こうしたい）
提案理由とめあては、話し合い活動のよりどころとなるものですので、必ず担任も一緒に確認しましょう。

⑤問題の意識化
　・学級会コーナーに議題や理由を掲示
　・学級会ノートに記入
　・学級会の進め方の確認とリハーサル
　　（計画委員）

話し合い活動

計画委員として自分たちで活動することが本格的になってくる時期ですので、やり方については丁寧に指導しましょう。慣れるまでは担任が一緒に司会をしたり、前回の司会グループのメンバーを加えてアドバイスしてもらったり、自信を持たせる手立てが必要です。

たくさん手を上げて、自分の意見を言いたい時期ですので、出し合う時間が長くなることが予想されます。先に短冊にしたり、挙手している子供を起立させたりして時間配分の工夫をしましょう。

⑥議題や話し合いの進め方の理解
⑦解決方法の話し合い

・出し合う
　…提案理由や話し合いのめあてに沿って、自分の考えを自分の言葉で発表する。もしくは、事前に短冊に書いて貼っておく。
　（次の「くらべ合う」で話し合いを深めるための工夫と、意見を分類する際に操作しやすい）

・くらべ合う
　…質疑応答、共通点・相違点の確認、意見の分類・整理・合体などをしながら、より良い解決方法を探る。

・まとめる（決める）
　…折り合いをつけながら**合意形成**を図り、全員の総意としてまとめる（決める）。

話し合って決まったことや役割分担、実践当日までの予定表などを、学級会コーナーに掲示して、常に確認できるようにしておきましょう。実践意欲を継続させることにもつながります。

片側に司会原稿、片側に学級会ノートを貼ります。クラスカラーなどの台紙にしておくと、わかりやすいですし、学級に対する愛着も湧いてきます。

事後の活動

⑧決めたことの実践
　・「みんなで話し合って決めたことは、協力して準備し、必ず全員で実践する」ということを徹底する。

⑨振り返り
　・提案理由に基づいて、協力して準備し、参加できたか（個人）
　・友達の良かったところはどこか（学級全体）
　・これからクラスの一員として自分にできそうなことは何か。（所属感、有用感）

⑩次の課題解決へ

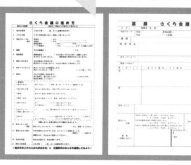

資料2　学級会ファイル

全ての活動が終わったら、実践内容についての写真や学級活動の足跡を残し、達成感を高めるとともに、次の課題解決の意欲づけにしましょう。

資料3　活動計画（計画委員）

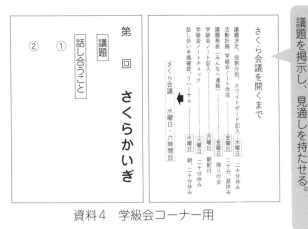

資料4　学級会コーナー用

1週間の流れを視覚化しておく。次回の議題を掲示し、見通しを持たせる。

話し合いで大切にしたい内容を焦点化するために、提案理由のキーワードに、ラインを引いたり色分けしたりするとよい。

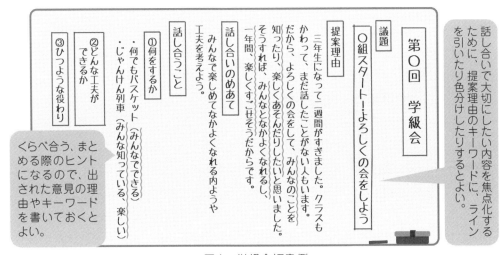

くらべ合う、まとめる際のヒントになるので、出された意見の理由やキーワードを書いておくとよい。

図1　学級会板書例

4. 学級会の留意点

　学級会は、子供たちの学級・学校生活をより良くしていきたいという願いを生かし、子供が自分たちで合意形成を行い、実践するまでの一連の活動を繰り返しながら深めることが大切です。自発的・自治的な活動を促すためには、年度当初の丁寧なオリエンテーションで、学級会の進め方や計画委員会の役割の確認をしましょう。また、担任は、基本的に子供たちの話し合い活動を見守る立場ではありますが、中学年においては、初めは中心になって行い、回数を重ねるごとに、または議題によって少しずつ任せていくようシフトしていくとよいでしょう。

―― 参考文献 ――

・文部科学省『小学校学習指導要領（平成29年告示）解説 特別活動編』（東洋館出版社）
・文部科学省 国立教育政策研究所教育課程研究センター『みんなで，よりよい学級・学校生活をつくる特別活動（小学校編）（特別活動指導資料）』（文溪堂）

8 給食指導
―当番・配膳のシステムと食事中の指導―

1. 給食指導の意義

　給食指導において、大切なことは何でしょうか。もちろん、子供たちの空腹を満たすことも大切ですが、それだけではありません。普段、子供たちは朝食や夕食を家庭で食べています。休日は、昼食も家庭で食べるでしょう。しかし、そうした食生活の中で、食事に対する考え方や知識は十分に養われているのでしょうか。そのように考えていくことで、学校において給食指導をする意義が見えてきます。

　文部科学省「食に関する指導の手引―第二次改訂版―」（2019年）には、給食指導の意義が次のように示されています（下線は筆者）。

- 望ましい食習慣の形成を図ることの大切さや、食事を通して人間関係をよりよくすることのよさや意義などを理解すること。

- 給食の時間の楽しい食事の在り方や健康によい食事のとり方などについて考え、改善を図って望ましい食習慣を形成するために判断し行動することができるようにすること。

- そうした過程を通して、主体的に望ましい食習慣や食生活を実現しようとする態度を養うこと。

　これらを実現するためには、給食の時間にさまざまな活動をしていくことが必要です。

2. 給食当番の分担

　給食の準備は、給食当番を中心に行います。給食当番の人数は、学級の人数や校内での給食の運搬方法などによって変わりますが、6人から8人くらいの人数で編成することが多いようです。次ページの表は6人グループで構成した際の給食当番の分担表です。

この2つの表は、合わせて使います。1つ目の表には、A〜Eの5つのグループに分けた子供たちの名前が記されています。各表の左の数字は給食着の番号を示していて、2つ目の表の分担の番号ともリンクしています。この表に合わせていくことで、給食当番は週替わりで交代し、分担は毎日変わります。このような表を用いることで、学級全員が等しく仕事をするという当番活動の考え方に沿って活動することができます。

	A	B	C	D	E
①	北海 太郎	福島 四郎	東京 蒼	山梨 大翔	滋賀 律
②	青森 花子	茨城 秋子	神奈川 凛	長野 結菜	京都 澪
③	岩手 次郎	栃木 五郎	新潟 陽翔	岐阜 悠真	大阪 朝陽
④	宮城 春子	群馬 陽葵	富山 芽衣	静岡 葵	兵庫 陽菜
⑤	秋田 三郎	埼玉 蓮	石川 樹	愛知 湊斗	奈良 明海
⑥	山形 夏子	千葉 紬	福井 結月	三重 莉子	和歌山 七海

【給食】給食当番は給食着・全員マスク・読書だけOK
→ 手洗いうがいをして席にすわって待つ。

	月	火	水	木	金
①	牛乳・ストロー	スープ	おかず	おかず	ごはん・パン・めん
②	おぼん・スプーン	牛乳・ストロー	スープ	おかず	おかず
③	ごはん・パン・めん	おぼん・スプーン	牛乳・ストロー	スープ	おかず
④	おかず	ごはん・パン・めん	おぼん・スプーン	牛乳・ストロー	スープ
⑤	おかず	おかず	ごはん・パン・めん	おぼん・スプーン	牛乳・ストロー
⑥	スープ	おかず	おかず	ごはん・パン・めん	おぼん・スプーン

給食は平等に、美しくもりつけましょう♪

3. 配膳の方法

配膳の方法として、ここでは2通りの方法をお示しします。

（1）各自配膳方式

各自配膳方式とは、自分の給食を自分で配膳する方式です。この方式のメリットとしては、「自分のことは自分でやる」という習慣が身に付くことや感染症の予防になるといったことが挙げられます。新型コロナウイルス感染症への予防の観点から、現在は多くの学校で行われている方式です。デメリットとしては、子供全員が立ち歩く

ことになり、ぶつかって給食をこぼしてしまうなどのリスクがあります。また、どうしても配膳の時間が騒がしくなってしまいます。

（2）ウェイター方式

ウェイター方式とは、レストランのウェイターの役割を一部の子供が担当し、学級全員分の給食を配膳する方式です。この方式のメリットは、配膳が効率的に行われることです。配膳を待っている子供は静かに座って待つことができますし、配膳している子供は繰り返し配膳を続けていくので、配膳待ちの長い列もできません。感染症への予防の観点から、流行時には禁止される場合もあります。

4. 給食中のルールやマナー

給食を食べるときには、グループで会食する形が一般的です。前述したように、食事を通して人間関係をより良くすることの意義を理解する上でも、楽しい食事の在り方について考える上でも良い方法です。会食の際は、グループで自由に話をしてもよいですし、学級でテーマを決めてグループの会話が盛り上がるように工夫してもよいでしょう。

また、給食の時間はただ楽しく食べるだけでなく、食事のルールやマナーを養うため、以下のようなことを子供たちに指導していくことも大切です。

【学校で指導すべき食事のルールやマナー】

● 感謝の気持ちを込めた食事のあいさつ

● 背筋を伸ばして、肘をつかない良い姿勢

● 箸の正しい持ち方

● 食器の正しい持ち方

● 口の中に食べ物が入っているときにはしゃべらないこと

● 主食、主菜、副菜を交互に食べる三角食べ

なお、感染症が流行している際には、グループでの会食が禁止される学校がほとんどだと思います。食事は基本的に前を向かせて、一切しゃべらないように指導を徹底することでしょう。不幸にも学級に感染者が出た場合、給食中の指導がどのように行われていたのかが重要になってくることもあります。区市町村や学校の方針・決定に沿って、指導を徹底しましょう。

5. 食育とのつながり

　食育は学級活動や家庭科などの時間を通して行われますが、給食の時間にも食育を進めることができます。例えば、給食の献立や食材にちなんだ話をすることで、子供たちは栄養と同時に知識も得ることができます。

　給食には全国の郷土料理が出されることがありますが、どこの都道府県の食べ物なのかを紹介することで、4年生の社会科で学習する都道府県の予習をすることもできます。

　また、栄養教諭や栄養士が在籍している学校では、次のような取り組みも行われています。右のプリントは、給食室からのお便りです。このお便りは、「キッチンメール」と題して、その日の献立についての説明が書かれています。この学校では、毎日給食の時間に日直が「キッチンメール」を読み上げ、みんなで聞く時間を設定しています。給食の時間こそ食育を進める良い機会と考え、このような取り組みを参考にしながら、健康に良い食事のとり方について指導していきましょう。

食育の一環として
トウモロコシの皮をむく子供たち

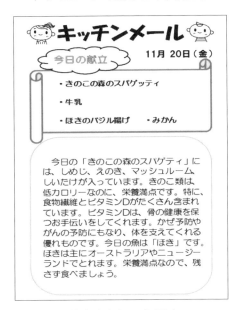

給食室からのお便り

6. 食物アレルギーの子供への対応

　食物アレルギーのある子供がアレルギー物質を含む食品を摂取した場合、アナフィラキシーショックを起こしてしまう可能性があります。アナフィラキシーショックは大変恐ろしいアレルギー反応で、最悪の場合は死に至ることもあります。

　実際に小学校の給食の時間に、食物アレルギーが原因で亡くなってしまったという事故も、各地で起きています。つまり、アレルギーのある子供への対応は、命に関わる大切な問題なのです。

　食物アレルギーのある子供が、誤ってアレルギー物質を含む食品を口にすることがないよう、給食の時間には徹底して確認をしましょう。子供たちの命を守るためにも、食物アレルギーへの対応は、管理職や栄養教諭（栄養士）、養護教諭と報告、連絡、相談を綿密にし、区市町村や学校の指針に沿って、適切に対応していきましょう。

9 清掃指導
―清掃指導で大切なことは？―

1. 清掃指導は準備・計画で決まる

清掃は、学級経営において欠かせない重要な指導内容です。「3年生だし、だいたいのことは分かっているだろう」と気を抜いてはいけません。清掃指導は最初の準備・計画とシステムづくりで1年間が決まると言っても過言ではありません。「**分かりやすい**」「**動きやすい**」「**やりがいを感じる**」清掃活動になるよう計画を立てましょう。

分かりやすい……清掃のやり方が分かる、仕事の分担が明確である など

動きやすい……用具がそろっている、仕事が平等である など

やりがいを感じる……成果が見える、褒められる、評価を受ける など

（1）準備・計画

①清掃場所の確認

清掃場所は、教室や廊下だけでなく特別教室など割り当てられる場所があるはずです。それらの場所に合わせて、必要な仕事の内容、用具、やり方の細かいところまで、確認しておきましょう。

②清掃のグループの決め方

生活班で行う場合もあれば、年間を通した清掃グループを決めて行う場合もあります。クラスの実態に合わせて、人間関係に配慮したグループにしましょう。3年生の場合は、3～4人程度のグループがお勧めです。人数が多いと、仕事の分担が曖昧になったり、見届けが難しくなったりします。

清掃箇所によっては、仕事の分担が多くなるグループもあります。その場合はいくつかのグループで分担して担当するようにし、清掃グループの人数を増やすことは避けましょう。

③清掃場所の分担と必要人数

　グループの人数に合わせ、清掃場所の仕事分担を考えます。特別教室など、学期ごとに変わる場所もあるので、1年間を見通して、各清掃場所の仕事内容の細かい分担を決めましょう。

④清掃の仕方の決まり

　始め方や、終わり方、「清掃中はおしゃべりしない」など、学校・学年で決められている清掃のルールを確認しましょう。学校によっては、床の拭き方や、ほうきの使い方まで細かく決まっていることもあります。「なんとなく」でやってしまわないよう、必ず細かいところまで決まりを確認しましょう。一度伝えた決まりを訂正するのは、最初の指導の何倍もの労力と時間がかかります。

⑤当番表の作成

　①〜④までの準備・計画ができたら、それに合わせて当番表を作ります。下の当番表はグループの清掃場所と分担の人数を示しています（グループの人数が4人の場合）。中央を画びょうなどで留め、清掃場所が変わったら回していきます。学期によって清掃場所が変わる箇所などは「とくべつきょうしつ」などと書いておき、学期ごとにその都度説明しましょう。

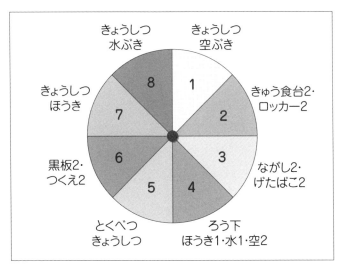

　この他にも、一人一人の掃除の分担が分かるようなグループごとの表にする、給食当番表の中に掃除の当番表も組み込むなど、表の作成方法はさまざまです。学年で相談し、クラスや担任の考えに合わせて作成しましょう。

⑥用具をそろえる

　掃除用具は、子供の数に合わせて必要な分を用意しましょう。また、同じバケツやほうき、ちりとり等でもラベリングをして、どこの担当が使うのか分かるようにするとよいでしょ

う。さらには、子供たちの身長に合わせて手の届くところにほうきをかけられるようにするなど、準備や片付けがしやすいように環境を整えます。

2. 見届けるシステムづくり

　準備と計画が終わったら、最後の仕上げ「見届けるシステムづくり」です。ここでいうシステムとは、掃除時間中の子供が「分かりやすい・動きやすい・やりがいを感じる」清掃活動の仕組みです。

（1）始めと終わりを明確にする

　清掃時間は決められています。その時間に確実に仕事をすることが重要ですが、時間になったら始めるというのは、3年生にはまだまだ難しいことです。「ごちそうさま」を掃除のスタートにしたり、学級やグループごとに始めのあいさつをしたりして、始めをしっかり意識させましょう。一方、終わりの合図はチャイムだったり、BGMだったりすることが多いですが、それだけでなく、きちんと反省会を行うなどして終わりも明確にしましょう。

（2）仕事は明確・平等に

　清掃は、一人一人の仕事の内容が明確で、平等であることが大切です。

　始めと終わりを明確にすることの大切さにもつながりますが、例えば、給食をだらだら食べて清掃に遅れたり、できなかったりする子がいると、そこに不満が生まれます。終わりも同様です。まだやり残した仕事があるのに、「時間だから」といなくなったり、自分の仕事が終わったからと掃除をやめたりする子供がいるとそこにも不

満が生まれます。このように仕事の平等感がなくなると、「別にしなくてもいいんだ」などと仕事に手を抜くようになったり、不満を相手にぶつけたりして、トラブルが起きてくるのです。

　また、仕事を明確にしておくことで、自分の仕事が分かり、迷わず仕事に取り組めるというだけでなく、グループ内でお互いに助け合ったり、声を掛け合ったりすることもできます。

（3）見届ける

　やりがいを少しでも感じてもらうためには、見届けや評価も大切になってきます。「やらせっぱなし」にならないよう、担任が見届けるところまでをシステムに組み入れましょう。

「反省会をした後、リーダーが担任に報告をする」「反省会は担任の前で行う」など、どのような形でも構いません。担任が最後をしっかり見届けられるようなシステムを考えましょう。

　例えば、掃除が終わった後の反省会で次のような振り返りカードを書かせて、担任に提出・報告させる方法もあります。

	班	

そうじ当番 チェックカード

班長(　　　　　　　　　) メンバー(　　　　　　　　　　　　　　　)

そうじ場所		
月　日		
だまってそうじできましたか。		
すみずみまで、しっかりとそうじができましたか。		
そうじ用具を大切につかいきれいにかたづけましたか。		
先生のサイン		

掃除の時間：1時10分から1時25分　　　　よくできた◎　できた○　もう少し△

　また、掃除が上手にできていた子供や、隅々まで気が付いてやっていた子供などがいたときには、みんなの前でその様子を紹介し、たくさん褒めましょう。そうすることで良いお手本がどんどん広がり、言われたことだけでなく、自分たちで気付き、工夫しながら掃除ができるようにもなっていきます。担任だけでなく、グループごとに「今日のおそうじ上手」等、子供たち同士でも掃除を通して褒め合い、認め合える機会をつくるとより効果的です。

4月中旬〜1学期末の
学級経営

1学期は、授業参観や保護者懇談会などを通じて、保護者と信頼関係を築くことも大切です。このPARTでは、家庭との連携を中心に4月中旬〜1学期末の学級経営について解説していきます。

1 授業参観
－失敗しない授業例－

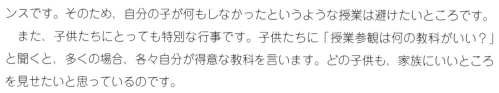

1. 授業参観は特別

　保護者にとって、授業参観は特別な行事。我が子が学校でどのように学習・生活しているのかを見ることができる数少ないチャンスです。そのため、自分の子が何もしなかったというような授業は避けたいところです。

　また、子供たちにとっても特別な行事です。子供たちに「授業参観は何の教科がいい？」と聞くと、多くの場合、各々自分が得意な教科を言います。どの子供も、家族にいいところを見せたいと思っているのです。

2. 授業参観の前にチェックすること

（1）掲示物のチェック

　全員の掲示物があるかどうか、必ず確認をしましょう。掲示されていない子がいたら、「うちの子はどうしてないのかしら？」と保護者は不安になります。

　とはいえ、中にはなかなか作品が仕上がらない子や、休んでしまって完成させられなかった子もいます。その場合は、時間を特別に設けて仕上げさせるか、あらかじめ保護者に説明しておきましょう。

（2）授業を考える

　授業は、子供たちの活躍が見えるものにします。「うちの子は授業中何もしなかった…」と保護者が思うような授業は避けたいものです。そのために、活動する場を設けたり、グループでの話し合いを入れたりします。また、音読発表会や調べたことを発表するという授業もよいでしょう。

- ● 体育や図工のように一人一人が活動する姿が見える授業。
- ● 理科の実験などグループで協力して活動する授業。
- ● 調べたことの発表や、練習してきたものを発表する授業。
- ● グループでの話し合いが活発になる授業。
- ● 保護者にも参加してもらう授業。

授業参観は、1年間に何度かあります。毎回同じ教科にならないよう計画を立てましょう。また、授業の形態も変えられるとよいと思います。

　全員が得意な教科はありません。苦手であっても、何かに熱中している姿を見せられるようにしたいものです。

3. どの子も楽しみながら活動できる授業　　　　ー国語「詩を書こう」ー

「今日は詩の学習をします。最後にはみんなに詩を書いてもらいます。」
「初めはあてっこ詩です。」

　こう言って次の詩を掲示し、子供たちには同じ詩を印刷したプリントを配ります。網掛けの部分は隠しておきます。子供たちのプリントでは、空欄にします。

タンポポ

　　　まど・みちお

だれでも　タンポポをすきです
どうぶつたちも　大すきです
でも　どうぶつたちは
タンポポの　ことを
タンポポとは　いいません
めいめい　こう　よんでいます

イヌ……ワンフォフォ
ウシ……ターモーモ
ハト……ポッポン
カラス……ターター
タニシ……タンココ
デンデンムシ……タンタンポ
カエル……ポポタ
ナメクジ……タヌーベ
テントウムシ……タンポンタン
ヘビ……タン
チョウチョ……ポポポポ

　空欄のところは何も言わずに範読をします。そして、「みんなだったら、何て呼ぶと書きますか。今から5分間で書いてみましょう。書けないところがあっても構いません。ひらめいたところから書いてください。友達やおうちの人に分からないように声を出さずに書きましょう」と言います。5分たったら、「書けたら、班になって書いたものを発表し合いましょう。そして、みんなで相談して、自分の班の『タンポポ』の詩を完成させましょう。時間は10分です」と伝えます。班の様子を観察しながら、保護者には「お子さんのグループのそばへ行って見てください」と声を掛けます。

　10分たったら「10分がたちました。順番に発表してもらいます」と言い、それぞれの班で空欄を埋めた「タンポポ」の詩をその場に立って音読してもらいます。

　最後の班が読み終わったら「どの班もとても楽しくて、リズムのある詩ができましたね」

などと評価をし、隠していたところを見せます。そして、全員で音読をします。

「次はまねっこ詩です。この詩をみんなで読みましょう」と言って、掲示してある詩をいったん外して、次の詩を掲示します。

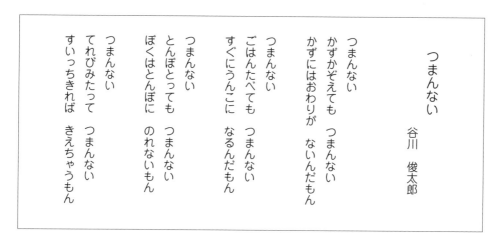

つまんない

谷川　俊太郎

つまんない
かずかぞえても　つまんない
かずにはおわりが　ないんだもん

つまんない
ごはんたべても　つまんない
すぐにうんこに　なるんだもん

つまんない
とんぼとっても　つまんない
ぼくはとんぼに　のれないもん

つまんない
てれびみたって　つまんない
すいっちきれば　きえちゃうもん

「みんなで読みましょう」と言って、みんなで音読をします。そして次のプリントを配ります。

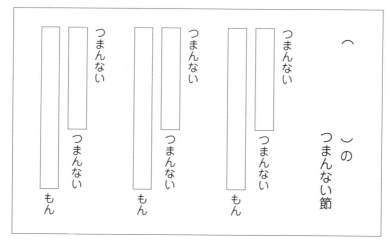

（　　）の
つまんない節

つまんない
（　　　　）
つまんない
（　　　　）もん

つまんない
（　　　　）
つまんない
（　　　　）もん

つまんない
（　　　　）
つまんない
（　　　　）もん

「これから『つまんない』の詩を書きます。かっこに名前を書いて、空欄に言葉を入れて書いてみましょう。時間は10分です」と伝え、子供たちに書かせます。すぐに書けてしまう子もいれば、なかなか書けない子もいます。すぐに書けた子には、もう一枚紙を渡してもよいでしょう。

10分たったら発表します。全員が発表できなくても構いません。発表できなかったものは、学級通信で紹介するとよいでしょう。

4. どの子もゲームをしながらかしこくなる授業
－社会「地図記号を覚えよう」－

　最初に「きょうは地図記号の学習です。地図にはいろいろなものを表すために記号が使われています。例えば『文』の記号は何を表しているか知っていますか?」と、子供たちにとって身近な「学校」「郵便局」「警察」の三つを提示します。

　次に「この他にもたくさんの地図記号があります。今日はここにある地図記号を全部覚えようと思います」と言い、24種類の地図記号を掲示します。そして、全員で一度読んで確認します。続いて「今日はみんなに巻物を作ってもらいます。そしてそれを使って覚えます」と言い、巻物の作り方を説明します。子供たちには、A3用紙を縦に半分に切った紙を渡します。子供たちは、そこに自分の好きな地図記号とその名前を書きます。書くときは班の形になり、各班に地図記号が書いてあるプリントを配ります。同じ記号ばかりにならないように、班ごとに地図記号の種類を変えたものにします。そして、「班の人と同じものを書かないように相談して書いてください」と言います。

　作成する巻物は、以下のようなものです。

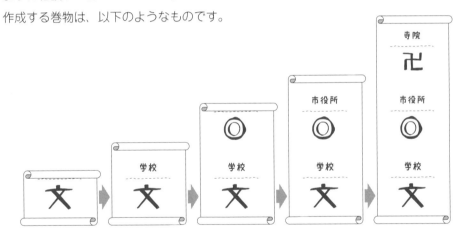

　「巻物ができたら、友達に問題を出しに行きます。まずジャンケンをして勝った方から問題を出します。問題を出すときは、下から少しずつあけていくようにします。全問正解したらシールを渡します。シールをもらったら巻物の裏にはっていきましょう。よーいスタート!」

　保護者の方にも、あらかじめ作っておいた「表が記号で裏が名前」のカードとシールを渡し、参加してもらいます。黒板に掲示してある地図記号の表は、始まって5分ぐらいで取ってしまいます。10分前にはゲームを終了して席に着かせます。

　「では、覚えられたか確認してみましょう」と言って名前が入っていない記号だけの表を掲示します。そして、みんなで一つ一つ名前を言っていきます。最後に授業の感想をノートに書いて終了です。

2 保護者懇談会（4月）
－担任理解とコミュニティづくり－

1. 保護者懇談会で大切なこと

　4月の保護者懇談会で大切なことは3つあります。まずは、担任（教師）の理解です。次に、学級（経営方針）の理解です。そして、最後は保護者間のコミュニティづくりです。

　4月の保護者懇談会は、この3点に重点を置いて組み立てていきます。3点それぞれ、2つのパターンを例示しながら紹介していきます。

2. 担任への理解

　4月の保護者懇談会は、大人版の学級開きです。2つのパターンを紹介します。

パターン①　学級開き「大人版」	パターン②　質問タイム「ビデオ視聴」
自分の名前を使って「1年間の方針」を語ります。クイズ形式にして柔和な雰囲気づくりを大切にします。	あらかじめ子供たちが担任に質問する様子とその質問に答える様子を録画しておき、視聴します。
名まえをつかって「ねがい」と「おもい」をつたえます。 **が** んばる子をたがいにささえ合う学級にしたい。 **く** なんもいっしょにのりこえられる学級にしたい。 **じ** しゅてきにこうどうできる学級にしたい。 **は** きはきと話し、わかりやすい授業をします！ **な** かよく楽しくすごせるかつどうをたくさんします！ **こ** どもとたくさんふれあい、きずなをふかめます！ 今年1年「がくじはなこ」をよろしくお願いします！	

T：私の名前は、学事花子と申します。今年1年どうぞよろしくお願いいたします。ご存じの方もいると思いますが、「名前クイズ」をしていきます。 学事の「が」は、どのような学級？	〈ビデオを視聴した後〉 T：いかがでしたか。何かご感想は？ （感想は言えないと思うので担任から学級の良さを語り「そう思う方？」と参加型懇談会へとシフトしていきます。）
☆1ポイントアドバイス 　盛り上がらなくても粘り強く進める勇気が必要です。	☆1ポイントアドバイス 　視聴後は、保護者からも質問を受けます。

　どちらのパターンにおいても大切なことは、「柔和な雰囲気づくり」と「参加型懇談会へのシフトチェンジ」です。保護者が「お客様」ではなく、「学級づくりを行う一員」としての自覚を高めることが大切です。そのためにも、担任教師の人間性を理解してもらう必要があります。自分のありのままを出し、笑顔で好感を持ってもらい、一瞬で信頼関係を築けるようにしましょう。担任教師の第一印象は、とても重要だと思います。

3. 学級（経営方針）への理解

　4月の保護者懇談会は、「学級経営方針への理解度100％」を目指します。そのために2つのパターンを紹介します。

パターン①　学級目標づくり説明会	パターン②　なんちゃって講話 「家庭ですてき教育」
学級開きから保護者懇談会までに学級目標づくりは進んでいると思われます。そこで、話し合い活動や作成の様子を写真で紹介しながら、子供たちと同じように学級への愛着（関心）を高めてもらいましょう。	担任による講話を聞くことは、保護者にとっても意義深いと思います。ここでは、特に学級経営に関わる家庭の役割について語り、何をどのように協力していただくか具体的に理解をしてもらいましょう。

T：この写真をご覧ください。これは、学級目標を話し合っているときの写真です。さまざまな意見が出ましたが、みんなで協力してうまくまとめていました。 T：次にこの写真は、学級目標作成の様子です。画用紙に文字を書いて、その中を絵具で塗っていきました。一人一人、協力しながらとてもよくがんばっていました。	T：3年生への進級おめでとうございます。いよいよ中学年という発達段階に入っていきます。 T：3年生になって大切なことは、「自主性」です。 T：これから見せます10のうち自分でできているものがいくつあるかカウントしてみてください。（以下、例） 　①宿題は、自分からやっている。 　②お手伝いは、自分からやっている。
☆1ポイントアドバイス 　なるべく多くの写真を見せましょう。写真が多いほど、保護者はイメージができます。イメージできれば、共感度が高まります。	☆1ポイントアドバイス 　笑顔で優しく語りましょう。学級経営を支えるのが家庭教育であることを伝え、これからの協力体制を築き上げます。

　どちらのパターンにおいても大切なことは、「学級への愛着（関心）」と「学級への協力体制」を築くことです。そのため、どちらのパターンでも、1年後に学級がどのようになっているのか「ゴール」を示すことが大切になってきます。これまでの子供たちとの営みを紹介しながら、協力してもらえる温かい雰囲気づくりを心掛けましょう。

4. 保護者間のコミュニティづくり

　4月の保護者懇談会では、保護者同士の仲を深めることが大切です。それは、学級づくりに大きな影響を与えるからです。保護者が仲良くすれば、子も同様に仲良くなります。そのため、同じ学級の子供たちを自分の子と同じような気持ちで温かく考えてもらえる保護者集団にしたいところです。大人相手のことなので難しいところもありますが、会話を通して相互理解を図り、家庭教育における悩みを共有していくことが重要です。そのために2つのパターンを紹介します。

パターン①　トライアングルトーク	パターン②　スクランブルトーク
保護者3人1組で会話をします。以下のような内容（例）でトークします。 　①自己紹介（子供の名前も） 　②子育てにおける悩み 　③先生に聞きたいこと　など	短い時間でできる限り多くの保護者とトークします。あいさつと悩みの共有をします。 （例：6分で3人以上） 　①自己紹介（子供の名前も） 　②子育てにおける悩み

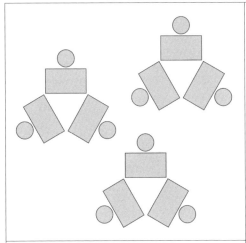

T：今日の懇談会は、机を三角形の形に並べています。3人1組でお座りください。 T：それでは3名で自己紹介をしていただき、その後、子育ての悩みなどをご自由にお話しください。	T：それでは、今から6分計りますので、その間に2～3名の方と自由にお話しください。自己紹介を忘れずにお願いします。日頃の子育ての悩みなど何でもよいのでお話しください。それではスタートです。
☆1ポイントアドバイス 　3名にすることで緊張も解けますし、聞き手が多いので話し手はうれしくなります。できれば、それぞれのグループの話題を全体共有したり、質問や悩みに答えたりするとさらによいと思います。	☆1ポイントアドバイス 　スクランブルトークには、担任も参加します。多くの保護者とフランクに話すビックチャンスと言えます。また、失礼のないように多くの保護者と話すモデリングも示すことができます。

　どちらのパターンにおいても大切なことは、「保護者間の相互理解」と「家庭教育における悩みの共有」を図ることです。そのため、どちらのパターンにおいても、保護者同士、保護者と担任が積極的にコミュニケーションを取りながら、一丸となることが重要です。「チーム○組」となって、1年間の学級づくりに子供・保護者・担任が三位一体となれる懇談会を作り上げましょう。

5．最も大切なこと

　保護者懇談会における重要な3つのポイントについて、それぞれ2つの進め方を紹介しました。学校、学級、保護者、地域の実態に合わせて、さまざまな組み合わせで実践してみてください。そして、最も大切なのは参加人数です。気になる子の保護者ほど参加しない傾向があります。一人でも多くの保護者に参加してもらえるように、子供たちの力を借りながらお知らせしていきましょう。

 # 保護者懇談会（6月）
―模範的な講話例を紹介―

　6月の保護者懇談会は、1学期の学級の様子を保護者に伝えるとともに、夏休みの生活について大事なことを伝える場でもあります。具体的に、どのように伝えればよいのでしょうか。模範的な講話例を示します。

【1学期の子供たちの様子について】

　まず、1学期の子供たちの様子をお伝えします。

　4月はまだ低学年の幼さが残る子供たちでしたが、この2か月間で中学年らしく立派に成長しました。この2か月間は、子供たちの成長に驚かされる毎日でした。

　4月は新しい友達と担任を前に、静かに過ごしていた子供たちですが、学級に慣れるにつれて、元気いっぱいの姿に変身してきました。3年生は「ギャングエイジ」と呼ばれ、友達との関わりが活発になる年頃です。これまでと違った友達関係ができてきたり、担任や親よりも友達を優先したりするような子も出てくると言われています。

（学級が上手くいっているとき）

　そのような年頃の子供たちですが、○組の子供たちは、教師の言うことをよく聞き、友達とも仲良く過ごしています。この前も、休み時間に私が体育の授業の準備をしていたら、たくさんの子が駆けつけてきて、手伝いを申し出てくれました。また、授業中にも苦手な子に一生懸命にコツを教えてあげる姿がよく見られます。友達はもちろん、担任にまで優しく接することができる子供たちは、本当に素晴らしいと思います。

（学級が上手くいっていないとき）

　そのような年頃ということもあり、○組でもけんかやトラブルが起きてしまうことがありました。ただ、私が話を聞いて指導をすると、素直に謝って仲直りをすることができました。友達関係も日々変化する年頃ですので、ご家庭で子供たちが学校の話をしていて気になることがありましたら、遠慮なく私にご連絡ください。全力で対応させていただきます。

【夏休みの生活について】

　続いて、夏休みの生活について、お伝えします。

　子供たちには、夏休みに入る直前に次のような話をしようと思っています。

　それは「こうゆうスイカ」という話です。皆さんは、どのようなスイカを想像されますか？これは食べ物のスイカのことを表しているのではなく、夏休みに子供たちに気を付けてもらいたいことを表した言葉です。

　「こうゆうスイカ」の「こう」は交通事故を表しています。交通事故が起こりやすい時間帯は、夕暮れ時と言われています。夏休み中は日が長いですが、5時には家に帰るようにお声掛けください。

　「ゆう」は誘拐を表しています。誘拐事件に巻き込まれる可能性は低いと思われるかもしれませんが、不審者に遭遇する可能性は、残念ながら低くはありません。なるべく一人では出歩かせないようにしてください。また、出掛けるときには、「いつ」「だれと」「どこへ」行くのかを把握するようにしてください。

　「スイ」は水難事故を表しています。水の事故は毎年いたるところで起き、多くの子供たちが犠牲になっています。夏休みは、ご家族で海水浴やキャンプ、バーベキューなどのレジャーを楽しむ機会があると思いますが、子供たちだけで水に近づくことがないようご注意ください。

　「カ」は火事です。ちょっとした火遊びが、ボヤ騒ぎや大きな火事を引き起こします。火遊びはもちろんのこと、花火をするときにも十分にお気を付けください。

　このように、夏休みの生活には、多くの危険が潜んでいます。長い夏休みが明けて子供たちが元気に登校できるよう、保護者の皆様のご協力をよろしくお願いいたします。

　また、夏休みにはぜひ、普段できない経験をさせてあげてください。私も小学3年生の夏休みにイングリッシュキャンプに参加したことがきっかけで、英語が好きになりました。夏休みの経験が子供を大きく変えることがあります。夏休みに何をするのか、宿題はいつまでに終わらせるのか、しっかりと計画を立てて過ごせるとよいと思います。

　長い夏休みですが、子供たちが安全に気を付けて計画的に過ごせるよう、学校でも指導していきます。保護者の皆様も子供たちとの思い出がたくさんできるよう有意義にお過ごしください。

4 1学期終業式
―事前の準備と当日の注意点―

1. 通知表の準備

（1）日常的に様子のメモを

　通知表で一番頭を悩ますのは「所見」ではないでしょうか。良い「所見」を書くために
は、日々の出来事をメモや記録に残しておくことが重要です。そのため、1日の最後に「5
分間メモ」を行うとよいでしょう。その日、学習面や生活面で気になったことを5分間で
ノートにメモします。また、子供のノートやプリントなどをこまめにチェックし、記録して
おきます。これらの情報を活用し、具体的な内容の所見が書けるように準備しておきます。

　7月に入ったらメモを整理し、所見を書く準備をします。この時期になったら、1学期の
振り返りを子供たちに書かせます。それを見ると、自分が一番努力したことやもう少しがん
ばりたかったことが分かります。それらも、所見を書く際の資料として活用できます。

（2）良い面を中心に書くけど…

　所見には、基本的に良い面や成長した面を書きます。しかし、子供によっては、課題を伝
えなくてはいけないこともあるでしょう。通知表を渡す際に、子供に直接伝えればよいこと
ならば、書かなくてもよいでしょう。しかし、書く必要があると感じたときは、課題に対し
て努力してきたことを書くようにします。例えば「文字が乱雑です」ではなく、「文字を丁
寧に書こうとする姿勢が見えてきました」というような形です。迷ったときには、学年の教
師や管理職に相談しましょう。

（3）最終確認を忘れずに

　最近の通知表はパソコンで作ると思いますが、
最終確認をするときは、印刷をして紙面上でも確
認することをお勧めします。また、それを学年で
読み合うと、文章の書き方を学ぶことができた
り、誤字脱字を見つけてもらえたりして、とても
有効です。

2. 終業式当日の伝達事項と留意点

明日から夏休みというこの日は、子供たちもウキウキした気分でやって来ます。大切なことがたくさんある1学期最後の日、落ち着いて過ごせるようにしたいものです。

終業式当日の時間割

1　終業式
2　夏休みの過ごし方
3　通知表を渡す
4　机やロッカーのチェック

（1）夏休みの過ごし方

長い夏休みの過ごし方次第で、2学期のスタートの仕方も変わってきます。次の三つのことを中心に話しましょう。

> ● 安全面については、交通ルールを守って行動すること。特に自転車の乗り方については、細かく丁寧に指導する。出掛けるときは、必ず家の人に誰とどこへ行くのかを伝えてから出掛けること。「いかのおすし」を守ること。
>
> ● 健康面については、早寝早起きをすること。外で遊ぶときは帽子をかぶり、水筒を持っていくこと。手洗い・うがいをすること。
>
> ● 学習面については、計画的に行うこと。1日30分（学年×10分）を目安に、計画的に宿題を行うようにすること。宿題以外にも、読書や長い休みにしかできないような学習も推進すること。

（2）通知表を渡す

渡す前に、「友達に通知表を見せてと言うのはプライバシーの侵害になるので、言ってはいけません」と伝えておきます。子供の中には、友達に言われると見せなくてはいけないと思ってしまう子がいるからです。

通知表を渡すときは、一人一人の名前を呼び、一対一で話をするようにします。通知表を見ながら、所見には書かなかったことを話し、「2学期も期待しています」などと声を掛けます。なので、とても時間がかかります。その間にほかの子供たちには、担任に対する通知表を書いてもらいます。子供たちが何を望んでいるのかを知るためです。

（3）机やロッカーのチェック

大掃除は前日までに済ませておきましょう。終業式の日は、自分の机の中やロッカーに置き忘れたものがないかを確認させ、掃除をさせます。ほとんどの荷物は、計画的に持ち帰らせ、最終日には防災頭巾や上履きだけが残っているようにしましょう。

帰りの会では、配付物を忘れずに配ります。学年で相談して、夏休みの宿題など、前日までに配れるものは配っておき、終業式の日に配るものは最小限にするとよいでしょう。

2〜3学期の
学級経営

　1学期はうまく行っていたのに、夏休みを挟んで
急に学級が乱れ始めた…なんてことも珍しくありま
せん。このPARTでは、そうならないための2〜3
学期の学級経営について解説していきます。

1 2学期始業式
ー全員そろったことに感謝する日ー

1. 2学期の学級開き

　長い連休明けの出勤日。どんな気持ちでしょうか。「あー始まっちゃう…」という人もいれば、「久しぶりの出勤が楽しみ！」なんて人もいるでしょう。きっと、夏休み明けの子供たちも同じ気持ちだと思います。そうした気持ちに寄り添った学級開きにしましょう。

　1年間を大きく捉えると、1学期は3年生になっての「慣れの期間」、3学期はまとめと4年生への「準備期間」となるので、2学期が3年生という学年を最も満喫できる学期になります。つまり、2学期は子供たちが最も成長し、友達との関わり合いなどもさまざまなことがある学期なのです。

　そんな2学期のスタートですから、まずは新しい学期のスタートに立った子供たちを褒めてあげましょう。先述したように、長い休み明け、来たくなかった子もいるはずです。でも来たのですから、「今日は、来ただけで偉い！」「来ただけですごい」日だと伝えましょう。そして、担任としてはみんなに会えるのを楽しみにしていた日でもあり、来てくれたことに感謝をしましょう。そうした担任の思いが、「次の日からがんばろう」と子供たちが思うきっかけになるはずです。

　始業式当日は、教室に入ったその瞬間から、「来てよかった！」と思ってもらえるように、子供が来る前に黒板に担任の思いを書きましょう。そして1日、夏休みを通して成長した子供たちをとにかく褒めて、笑顔で終えられるようにしましょう。担任として「勝負の1日」です。

2. 夏休みの課題の提出のさせ方

　担任としての夏休み明けの「勝負」は、他にもあります。その一つが、課題のさばき方です。大切な書類関係から、夏休みの課題、そして自由課題の作品の展示や作品展への申し込み等、処理しなければいけないことは山ほどあります。これらをどう処理していくのか、大きな勝負です。「まだ初日だから大丈夫！」だなんて悠長に構えていてはいけません。時間的にも、気力的にも、初日が一番充実している日なのです。その意味でも、次のことを意識

して取り組んでみてください。

①課題の提出は、確認しやすい順番で、皆が見ているところで一人一人させる。
　（その場で確認しながら行うことで、後で確認する必要がなくなる。また、名簿等
　で忘れた子のチェックをしておくと、後で確認しやすい。）

②忘れても怒らず、提出する日を決めさせる。
　（初日は来たことが偉いということを徹底する。）

③指示は明確かつ端的に。
　（自由研究等の提出のさせ方などは計画的に。）

④放課後、夏休みの課題の冊子など、確認できるものはどんどんと確認し、返
　却できるものから返却していく。
　（学年で課題の確認の仕方や返却時期、掲示方法などの足並みがそろうように話し
　合っておく。）

3. 夏休みの振り返り方

　夏休みの振り返りをするときに、気を付けたいことがあります。それは、「夏休みの楽し
かった自慢」をする場にしないことです。家庭的な事情もあり、一人一人の夏休みの過ご
し方が全く違うことを忘れてはいけません。**「楽しかったこと」だけではなく、「がん
ばったこと」や「できるようになったこと」「びっくりしたこと」などさまざま
なテーマを提示**した上で、夏休みの振り返りを行うようにしましょう。**「成長した自分
の紹介」という視点**を大切にします。

　さまざまなテーマで振り返り、一人一人の夏休みが有意義だったこと、夏休みを通して大
きく成長したことなどを話した上で、これからが楽しみだと担任として伝える時間にするこ

とが大切です。

　もう一つ、気を付けたいのは時間です。子供たちはついつい話したいことがあるとだらだらと話してしまいます。**話す「型」を掲示し、簡潔に分かりやすく発表**できるようにしましょう。「私の夏休み」というテーマで、クイズ形式で発表させるのもお勧めです。聞いている子供も楽しく、三択で行うと時間もそんなに多くかからずに発表することができます。

2 感染症予防
－感染を防ぐ工夫の数々－

1. 教室環境

（1）乾燥を防ぐ

　ウイルスは、低温で乾燥した空気中で増殖します。どこの学校にも、暖房器具はあると思いますが、加湿器など乾燥対策ができている学校は少ないでしょう。そこで、乾燥を防ぐために次のような工夫をします。

> ● 未使用の雑巾を干す。
> ● 業間休みに、霧吹きでカーテンに水をかける。
> ● バケツに常時水を入れておく。

　これらの作業は、当番活動にして、子供たちがするようにします。

（2）換気をする

　天候にもよりますが、気温が低い日は、窓を閉め切って過ごすことが多くなります。しかし、密閉した空間に40人近くが入れば、二酸化炭素濃度が上がると同時にウイルスなどの汚染物質も増加します。「学校環境衛生管理マニュアル『学校環境衛生基準』の理論と実践」（文部科学省）に、換気回数（空気が入れ替わる回数）は1時間に小学校低学年で2.4回、高学年で3.4回必要だと書かれています。授業中、こまめに窓を開け閉めすることはできませんので、休み時間には「窓当番」が窓を全開にするようにします。また、授業中も廊下側のドアと反対側の窓を少し開け、対角線上に空気が通るようにします。

2. 手洗い・うがい

　手洗い・うがいは、外から帰ってきたときには必ず行うようにします。風邪等のウイルスの感染は、くしゃみや咳など飛沫で感染するよりも、手を介して感染することが多いと言われているからです。そのため、手洗いは正しく時間をかけて行うよう指導します。正しい手洗い

の仕方を水道場の近くに掲示することで、いつでも意識できるようにします。

3. 免疫力アップのために

　子供たちには、免疫力を高めることで、風邪などのウイルス感染症にかかりにくくなることを話します。免疫力を高めるために必要なことは、次の通りです。

> ● 外に出て元気良く遊ぶ。
> ● しっかりと睡眠をとる（遅くても9時には寝る）。
> ● 好き嫌いをせずに食べる。

　健康な体をつくるのは、自分の毎日の生活と大きく関係しているということを話し、健康管理の大切さを理解させるようにしましょう。

4. 感染予防と子供の活動

　「○○スター」を探すという活動があります。例えば、「ロッカースター＝ロッカーがいつもきれいに整頓されている人」などです。12月や1月は「手洗い・うがい強化月間」とし、「手洗いスター」を探す活動をします。

　具体的に、黒板に手洗いスター用の名簿を張っておき、手洗いの様子を見て丁寧にしっかり洗っていたなと思う人のところに丸をつけます。自薦他薦どちらでもよいことにします。毎日の帰りの会で、今日の手洗いスターを発表します。

　みんながんばり始めると、手洗い場が混雑することもありますが、毎日続けていると授業時間に食い込むことはなくなります。

5. 感染症対策「基本は同じ」

　感染症対策は基本的に同じです。特に気を付けたいのは、マスクの着脱・咳やくしゃみ・手洗いです。子供たちには、次のことを徹底させます。

> ● マスクは鼻までしっかりと覆うこと。
> ● マスクをしていても、話をするときは手を伸ばしても相手に触れない距離を取ること。
> ● 運動や飲んだり食べたりするときはマスクを外すが、絶対に声を出さないこと。
> ● くしゃみや咳が出るときは、マスクをしていても腕で口の部分を押さえること。
> ● 手洗いはこまめに行うこと（ごみを拾った後。鼻をかんだ後など）。

3 2学期末〜3学期始めの配慮と工夫
ー4年生へのステップアップに向けてー

1. 2学期終業式当日の伝達事項と留意点

　2学期終業式当日に行うべきことは、大きく二つです。一つ目は冬休みの宿題の確認、二つ目は冬休みの過ごし方についての指導です。

　冬休みの宿題については、学年だよりの冬休み号などに記載されている宿題を忘れることなく配付していきましょう。冬休みは多くの学校が閉庁日となり、保護者からの問い合わせに対応することが難しくなります。子供たちが見通しを持てるようにするためにも、宿題を配付して終わるだけでなく、宿題の進め方についてもしっかりと確認をしておきましょう。

　冬休みの生活について指導しておきたいことの一つは、お金の使い方です。お正月には、多くの子供たちがお年玉を手にします。無駄づかいをすることがないよう、計画を立てて保護者の方と相談しながら使うように指導します。

　また、冬休みは、日が落ちるのが早く、夕方5時を過ぎれば外は真っ暗になります。そのため、交通事故や不審者に遭遇しやすいものがあり、自転車のライトを早めに点灯させること、街灯のある明るい道を歩くことなどを指導しましょう。

2. 3学期初日を迎える準備

　3学期初日は新しい年を迎えて最初の登校日となります。子供たちは気持ちも新たに登校

3学期初日の黒板

してきます。初日を迎えるにあたり、子供たちが気持ち良く、前向きに過ごせるような準備をしておきましょう。

　子供たちが教室に入って黒板を目にしたとき、笑顔がこぼれるような絵やメッセージがあれば、子供たちも明るい気持ちで新年をスタートできます。ぜひ、そうした仕掛けを用意しておきましょう。

3. 宿題の回収と返却

　宿題の回収方法はさまざまですが、効率的な集め方ができるとよいでしょう。よく行われている方法の一つに、登校時に各自が宿題を提出する方法があります。しかし、この方法では提出する順番がそろわず、未提出者の確認がしづらくなります。また、不十分なまま提出してしまう子がいるといったデメリットがあります。そこで、全員がそろってから一つ一つ確認しながら回収していく方法をお勧めします。手順は以下の通りです。

<宿題回収の手順>
① 回収する宿題を伝える。
② 隣の子と中身を確認させる。
③ 宿題を提出することができない（宿題忘れや不十分で提出できない）子を把握する。
④ 列ごとに回収する。
⑤ ①～④を繰り返し、全ての宿題の確認、回収をする。

　こうした方法で回収することで、放課後に宿題を点検したり、未提出者を確認したりする時間が大幅に減ります。また、その時間を日記へのコメントなどに充てれば、子供たちは喜んでくれます。さらに、翌日には宿題を返却することができるので、いつまでも冬休みの宿題の処理に追われることなく、3学期のスタートをスムーズに切ることができます。

4. 3学期の目標

　3学期もこれまでの学期と同様に、目標を立てさせましょう。3学期は4年生に向けてステップアップするための大切な学期です。2学期までの課題をしっかりと把握させるとともに、「4年生になるために必要なこと」を意識させながら目標を考えさせます。新年を迎える時期ということで、書き初めの練習として半紙や画仙紙に筆と墨で書くなど、子供たちが意欲的に取り組むことができるように工夫しましょう。

低学年の手本になる。

学事　太郎

4 学年最後の学級活動
−最後はどんな思い出のページに？−

1. 自分の成長とクラスの良さを感じることができる時間に

　最後の学級活動では、1年間を共に過ごした仲間への感謝や「このクラスでよかった」と思えるような時間になるよう活動内容を考えます。できるなら担任がその時間の使い方を全て考えるのではなく、子供たちが最高の終わり方を考えられるよう学級会で話し合い、子供たちの意見も取り入れた活動ができるようにしましょう。学年最後の学級活動は、そのクラスの卒業式です。思い出に残る演出を子供たちと共につくっていけるようにしましょう。

2. 学級目標を使って、自分への賞状を

　新しい学級が始まって、最初にクラス全体で話し合い、自分たちの未来を想像して立てた学級目標。最後の学級活動では、その学級目標に触れながら、自分たちの成長を感じる時間にするのもよいと思います。

　例えば、学級目標を振り返り、自分は何ができるようになったか、がんばったなと思うことは何かなどを一人一人考えさせ、その内容を「○○賞」として自分に贈るという活動ができます。「思いやりを持てたで賞」「あいさつがよくできたで賞」「進んで考えられたで賞」「外で元気に遊べたで賞」など学級目標の内容に即した賞だったら何でも構いません。一人一人、自分の言葉で賞の名前をつけさせたいところですが、3年生だと全員がスムーズに考えられるわけではありません。

　そこで、一人一人が考える前に、クラス全体でどんな賞があるかを考え、黒板をいっぱいにします。そして、一人一人がその中から選ぶか、自分で考えられる子供は自分で考えます。決められない子は周りの子供たちや担任にアドバイスをもらってもよいこととし、なるべく全員が自分で決めるようにします。

　自分で決めた賞ではありますが、送り主は担任です。「1年間あなたを見ていて、先生もそう思う。よくがんばったね！」と認めてあげる

ことで、自分への賞が、単に自分が自分へ贈る賞ではなく、自信を持てるものになります。
また、自分の成長を感じ取れる一つのきっかけにもなります。

3. 来年はもっと良いクラスをつくる！

　学級の良さと、自分の成長を感じ、「このクラスでよかった」と子供たちと最高の時間を
過ごせた後は、来年のことに移ります。

　最後の学級活動ですから、担任として子供たちに贈る言葉も、
最後になるわけです。「先生もこのクラスが大好き！君たちの担
任で幸せでした。最高の1年間をありがとう」と思いを伝えた後
に、次のように伝えます。

> 　でも、先生は来年、もっと良いクラスをつくれるよ
> うがんばります。だから、みんなも先生に負けないよ
> うに、もっと良いクラスをつくってください。

　子供たちが今のクラスを大好きなままでは、新しい学年が明けたときにつらい思いをしま
す。「去年のクラスがよかったな…」「去年はこうだったのに…」「去年はこれができたのに
…」などと思わなくて済むように、「去年のクラスはよかったけど、もっと良いクラスをつ
くろう！」「去年はこうだったけど、今年はもっとこうしよう！」「去年はこれができたか
ら、今年はもっとこれをしよう！」と前を向くきっかけを与えて終わりにします。少し切な
いですが、それこそが担任として最後に子供たちに贈れるエールだと思います。

　最高のクラスだった年度ほど、担任としては別れが名残惜しいでしょうし、引きずってし
まうこともあります。しかし、その気持ちのままでは、次年度のクラスの子供たちに失礼で
す。

　それは子供たちも同じで、新しい学年、新しい出会い、新しいクラスメートのためにも
「解散！これで終わり、みんなで次に進む！」と、気持ちを新たにできるようにすることも
大切なことです。

　一方で、毎年度「最高のクラス」と思えるわけではありません。正直、終わることにほっ
とする年度もあるでしょう。そんなクラスでも、最後の日は担任として「最高でした！」と
言い切ります

　どんなクラスでも1年間、子供たちが子供たちなりにがんばってきたことがあるはずで、
無事に最終日を迎えたことは「最高でした！」と言うに値します。最後の学級活動、担任と
して最大の賞賛とさようならをしっかり伝えましょう。

5 修了式
―式の後には心に残る学級じまいを―

1. 修了式当日

　修了式は、長い時間を共に過ごしてきた仲間との別れの日です。カウントダウンを掲示しながら、その日を待つとよいでしょう。当日は子供たちにとって、「みんなとお別れだ」という寂しい気持ちと、「明日から春休みでもうすぐ4年生だ」というワクワクした気持ちが入り混じった、複雑な気持ちで過ごす日になります。

　当日は修了式があり、通知表を渡したり、手紙を配ったり、忘れ物はないかと確認をしたりと、やらねばならないことがたくさんあります。前日までにできることは前日までに済ませ、一日を落ち着いて過ごせるようにしておきます。そして、最後の1時間は、心に残る学級じまいをしましょう。

2. 修了式当日の学級じまい

（1）掲示物のプレゼント

　学級内の掲示物には、係活動や班で作成したものなど、個人に返すことができないものがあります。それらを子供たちにプレゼントします。一つずつ提示して「これ欲しい人」と聞きます。「こんなの欲しがる人いるのかなあ」と

> 1　掲示物のプレゼント
> 2　一人一言
> 3　先生の話
> その他　歌やゲーム、くす玉など

疑問に思うようなものでも、「はい！はい！」と元気良く手が上がります。欲しいものが重なったときは、ジャンケンで決めるのですが、ほとんどの子が手を上げるので、いつのまにか学級ジャンケン大会になってしまいます。

（2）一人一言

　一人ずつ思い出を語ります。事前に「最後の日に1年間の思い出を話してもらうから、準備しておいてください。時間は1分程度です」と伝えておきます。書いてきたものを読み上げてもよいことにします。学年最後の学級活動として、学級会で決めた「お別れ会」や「1年間を振り返る会」などもあると思います。そこで一人一人が思い出を語ったときには、「こんな4年生になりたい」とか「みんなに感謝したいこと」など別のテーマで話すとよいでしょう。

（3）担任の話

　子供に直接話すことができる最後の場面です。だからと言って、思い出を懐かしんだり、別れを悲しんだりするだけのものにならないようにします。子供たちは卒業するわけではありません。話す相手は、明日からの春休みや4年生になることへの期待感にあふれている子供たちです。気負うことなく、言いたいことをありのまま言うのがよいでしょう。最後の学級通信として、紙に書いてあるものを読み上げても構いません。ただし、あまり長くならないようにしましょう。

> 　4月にみんなに出会ってから、あっという間の1年でした。運動会では（具体的な思い出深いことを2〜3語る）などたくさんの思い出をつくることができました。今思うと、どんな時も笑顔でいられたと思います。みんなの努力する姿や、友達を思いやる姿が私を元気にしてくれましたし、笑顔にしてくれていました。本当にありがとう。みんなに会えてよかったです。とっても幸せな1年でした。みんなは、もう少しで4年生ですね。4年生でもたくさんの思い出をつくってほしいです。そして、努力や思いやりを忘れずに、笑顔あふれるクラスをつくってください。

（4）ゲームや歌

　学級歌や学級の愛唱歌があれば最後に歌ったり、1年間節目ごとに行ったゲームをしたりするのもよいでしょう。

3．修了式の日の黒板

　黒板には、最後の一日をどう過ごすかを書くようにします。

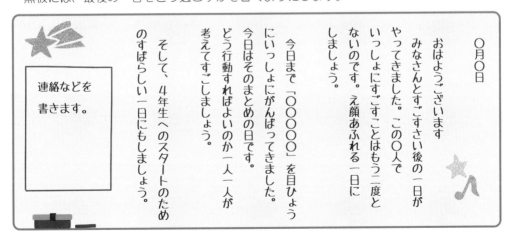

〇月〇日

おはようございます
みなさんとすごすさい後の一日がやってきました。この〇人でいっしょにすごすことはもう二度とないのです。え顔あふれる一日にしましょう。

今日まで「〇〇〇〇〇」を目ひょうにいっしょにがんばってきました。今日はそのまとめの日です。どう行動すればよいのか一人一人が考えてすごしましょう。

そして、4年生へのスタートのためのすばらしい一日にもしましょう。

連絡などを書きます。

PART
5

いつでも使える！
学級経営の小ネタ＆小技

　学級というのは、担任のちょっとした工夫や働き掛けで、良い方向へ向くことがあります。この PARTでは、日々の学級経営で使える小ネタや小技の数々を紹介していきます。

1 子供の主体性を伸ばす小ネタ＆小技
―「自分から」を大切に―

1. 3年生は「主体性」を伸ばす最適な時期（適齢期）

　3年生になると、主体性はぐんぐん伸びてきます。それは、学習指導要領にも記載されているように、中学年の発達段階は「学校生活に慣れ，行動範囲や人間関係が広がり活動的になる」（学習指導要領解説総則編）からです。よって、主体性の芽を摘まないように、伸ばしていくことがとても大切になります。いろいろな小ネタ＆小技で、主体性の芽をぐんぐんと伸ばしていきましょう。

2.「ピンとくる」が大切

　皆さんは、主体性の大切さをどのように子供たちに伝えているでしょうか。突然、「主体性は大切です」と言っても、子供たちはピンときません。そのため、「ピンとくる」ことが重要になります。

3.「主体性」のキーワード化

　主体性のキーワード化が、大きな小ネタ＆小技になります。
　一枚の大きな画用紙に「自分から‼」とキーワードを書いて、学級目標の横やみんなが見えるところへ掲示するだけで、子供たちの意識は大きく変わります。キーワードによる見える化は、強烈なインパクトなり威力を発揮するのです。
　もちろん、「自分から‼」の他にも「自分で」「自ら動く」「自ら」など子供たち自身に考えさせ、作成させて掲示してもよいでしょう。

4.「やらされる」から「やる」へ変換

　2年生までは、教師の指示によって行動することが多かったかもしれませんが、3年生では「自ら考えて動く」ことへの意識を高めます。ここでは、3つの小ネタ＆小技を紹介します。

（1）挙手・挙手大作戦

　授業は、子供たちと共につくるものです。いつも子供たちが受け身の授業では、主体性は育めません。発問に対して、挙手をする子は多いですが、授業が進むにつれ、問題が難しくなれば挙手は減っていきます。

　「挙手・挙手大作戦」では、ハンドサインを使った挙手方法もありますが、もう一つ、「分からない人、挙手してごらん！」と笑顔で問い掛けるという方法があります。そして、子供たちが挙手したら「分からないことが分かるって素敵だね」と褒めます。こうして、子供たちが分からないことを自覚することで、授業に参加する主体性が生まれます。

　蒔田晋治さんの絵本『教室はまちがうところだ』の文章を掲示している教室をよく見かけますが、あの素敵な詩を授業で繰り返すことができる小技と言えます。

（2）自学のすすめ

　宿題は「やらされている」ものの代表です。その宿題を「やる」に変換する小ネタの一つに、「宿題メニュー表」があります。ノート1冊（5mm方眼ノート）を渡し、その表紙裏に貼れるサイズのメニュー表を貼るだけです。

　3年生の子供たちは、もともと主体性がありますから、「よくできているノート」を紹介したり、通信で知らせたりするとさらに効果が上がります。

> ### 「宿題メニュー表」の例
> ・じゅぎょうにっきをかこう（1ページ4つぶ）
> ・「せんせいあのね」をかこう（1ページ4つぶ）
> ・「○○○」の音読（1回2つぶ）
> ・かん字ドリル練習（1ページ3つぶ）
> ・けいさんドリル（10もん1つぶ）
> ・わたしのすきなベスト3（1つぶ）
> ・じぶんでかんがえたメニュー（？）

（3）ノートタワー

　皆さんの学級では、学習を終えたノートをどうしているでしょうか。お勧めの一つは、そうしたノートを教室の後ろに積んで「ノートタワー」を作っていくことです。準備もいらず簡単な上に、学びの主体性も高めることができます。各教科のノート、宿題のノートなどがどんどん積み上げられることで、「個の学び」が「学級全体の学び」へとつながります。学級を閉じる際に、ノートが何冊積んであるのかクイズ大会をしたり、タワー解体をイベント化したりすれば、さらに学級を盛り上げることができます。

2 子供の協調性を 伸ばす小ネタ＆小技
―学習面が変われば生活面も変わる―

1. 子供の協調性

　学校で学ぶ意義の一つに、集団生活の中で学ぶことが挙げられます。その意味でも、一人一人の個性を大切にしつつ、協調性を身に付けさせていくことが大切です。学級にはたくさんの子供たちがいますが、当然、一人一人の性格や行動は異なります。一人一人が活躍しつつ、みんなが協力して学習や生活に取り組んでいくような学級を作る上での工夫等について解説していきます。

2.「協働」の視点を取り入れた学習

　学校では1日を通してさまざまな活動が行われますが、一番多くの時間が充てられているのは授業です。授業が変われば、子供たちも変わります。ここでは、一人一人が活躍しつつ、「みんなが協力して学べる授業」の在り方について解説していきます。

　小学校の授業では、教師が課題や問題を提示し、子供たちが解決していく学習展開が定着しつつあり、多くの教科や領域でこのような授業が行われています。しかし、子供たちが一人で問題や課題に向き合う場面ばかりの授業、教師からの発問に対して挙手した子供が答えて進んでいく「一問一答型」の授業が多く展開されいるのも事実です。このような授業を続けていては、「みんなが協力して学べる授業」は展開できません。

　そこで、学習に「協働」の視点を取り入れてみます。「協働」とは、「同じ目的のために、力を合わせて働くこと」です。これを学習に置き換えると、「同じ課題や問題を解決するために、子供たちが力を合わせて学習すること」ということになります。

　難しいことではありません。課題や問題を提示した後に、子供たちが自由に話し合ったり、共に問題を解いたりする時間を設定するだけです。ただし、課題や問題を解決した子はそこで学習が終わるのではなく、みんなが解決できるよう働き掛けることを重視します。このような時間を設定するだけで、課題や問題を解き終えた後に、席に座ってボーっとしていた子の動きが変わります。また、課題や問題が解けずに困っていた子の動きも変わります。こうして、教えに行ったり、教えを求めに行ったりする姿が見られるようになってきます。

「協働」の視点を取り入れた学習のイメージ

3.「協働」の視点が生きる生活

　「協働」の視点を取り入れた学習を続けていると、生活面でも変化が見られるようになります。学校の活動の中で一番長い時間が充てられている授業で身に付けたことは、必然的に生活の場面でも生かされてくるからです。「いつも勝手なことをしている子が多く、学級がまとまらない」「学級の動きに取り残される子がいて、学級がまとまらない」といった悩みも、次第に解決していきます。

　教師の役割は学び合ったり助け合ったりしている子供たちを褒めることだけです。「先生がいなくてもできるなんてすごいよね」と言われた子供たちは、ますます張り切って学校生活を過ごしていくことでしょう。

　学習面が変われば生活面も変わっていく。だからこそ、学習での取り組みを大切にしたいものです。

「協働」の視点が生きる生活のイメージ

3 外部の人との連携の 小ネタ＆小技
―外部の人には大きく2つのタイプがある―

1. 外部の人との関わり方には2種類ある

　一口に「外部の人」と言っても、保護者、地域の人、商店街や警察、消防、交通指導員などさまざまな方がいます。学校や担任はそれらさまざまな外部の方と連携を取りながら教育活動を進めていくわけで、お互いが気持ち良く関わり合いを持てるように十分な配慮が必要となります。

　以下に、外部の人を大きく2つのグループに分けました。どんな視点で分けたか、お分かりになりますでしょうか。

外部の人とは・・・
　A　保護者・地域の人・交通指導員・給食の調理員さんなど
　B　ゲストティチャー・消防署・警察・商店街の人など

　Aは日頃から学校や子供たちとの関わりが多く、学校事情がよく分かっている人たちです。一方で、Bは学校や子供たちとの直接的な関わりが少なく、学校事情が見えにくい方々です。連携を取ることの多い「外部の人」を大きく分けると、このような2つのグループに分けられます。

　そして、AかBかによって基本となる対応方法が変わってきます。Aのグループは教育活動との関わりも多く、学校の様子や子供の様子が見えています。つまり、それだけ学校や担任としてはお世話になっているわけで、常に「日頃の感謝」を土台に連携を図っていくことが大切です。相手が保護者だったら、子供のがんばりや日頃の様子を一言最初に添えて、相手に合わせて感謝を伝えた上で連携を図れば、気持ち良く関わり合いが持てます。

一方、Bのグループは学校や子供たちとの直接的なつながりがほとんどありません。そのため、Bのグループの方と連携を取るときは、関わる教師や子供が「学校の顔」になるということです。つまり、どう対応するかで、学校の評価が決まってしまいます。さらに言えば、「また協力しよう」と思ってもらえるかどうか、学校との今後の連携を左右しかねないわけです。仕事の邪魔をしないことは当然のことですし、あいさつや言葉遣い、お礼など、学校の顔として、次につながることを意識して関わることが重要です。

外部の人との関わり方
   A　お世話になっていることを忘れない。感謝の気持ちで接する。
   B　学校の顔として関わっている。次につながっていくことを意識する。

2.　周囲と足並みをそろえる

　関わり合いで次に重要なのが、「差が出ない」ようにすることです。「あの先生はこうだったのに、この先生はこうだ」とか「去年はよかったけど、今年は…」など、教師間・学級間などで差が出てしまうことは、極力避けるようにしましょう。そのためには学年や関わる教師たちとしっかり打ち合わせをし、足並みをそろえることが大切です。また、些細なことを記録として残しておくことも重要です。それが、次年度や次の機会において、必ず役に立ちます。また、記録しておくことで共通理解も図りやすくなり、足並みもそろえやすくなります。

　また、社会や総合的な学習の時間で、毎年お世話になる方々などへの依頼は「例年通りに行えばいい」という考え方をするのは望ましくありません。できれば、前年度の様子などもしっかり調べた上で、どこか一つ気配りができることを増やしたり、配慮事項を検討したりと、「また今年も協力してよかったな」と思ってもらえるように、少しでもレベルアップするよう心掛けましょう。

3.　協力をお願いする際の留意点

　校外学習の引率などを外部の方にお願いする際は、子供の実態をよく考えた上で、無理のない範囲でお任せする内容を考えましょう。例えば、配慮の必要な子は担任が一緒になって動けるようにしたり、学年の教師たちで協力しながら付き添いをつけたりといったことも必要です。子供が安心して学習に臨めるように、また協力してくれた外部の方の負担にならないように、配慮しながら計画を立てることが大切です。

4 学習評価・通知表の小ネタ＆小技
―学習評価は児童理解―

1. 子供たちをよく見て、寄り添う

　学習評価は、児童理解そのものです。ですから、子供たちをよく見て、寄り添って行うものです。機械的に評価し、それを通知表に書いても何も伝わりません。日々、子供たちの様子をよく観察し、できたこと・伸びたことを共に喜び、できなかったことは共に悩み、心から寄り添っていくことが「評価する」ことなのです。

　そのような温かい児童理解なくして学級経営は成り立ちません。そして、学習評価も通知表もより良いものにはなりません。その意味で、温かい児童理解を基盤とした学習評価を行い、通知表を作成したいところです。

2. 子供たちをよく見る「4分割ノート」

　学級の子供たちをよく見るためには、「ただなんとなく」では難しいものがあります。そこで、紹介する小ネタ＆小技は、「4分割ノート」です。

　やり方はとても簡単です。まず、ノートを1冊準備します。次に、1ページを鉛筆などで4分割します。最後に、4分割した部分の上部に4人分の子供の名前を書きます。そして、その子供たちの良さを見つけたら、ここに記入していきます。1日4人ずつなので、そんなに負担にはなりませんし、もしその日に書けなくても、次の日や2ローテーション目などに重点的に見て、書いていけばよいでしょう。

　大切なのは、「今日はこの4人の良さを見つけるぞ！」という教師の視点づくりです。子供たちの良さを見つける目を鍛えることがとても大切になります。そのメモは、学習評価にもなれば、通知表の所見に書く内容にもなります。ぜひ取り組んでみてください。

3. 子供たちに寄り添う「自己評価シート」

　子供たちに寄り添うためには、子供たち自身のがんばりを知る必要があります。その意味でも、「自己評価シート」はとても重要な情報源となります。自己評価シートといっても、そんなに大げさなものではなく、市販のテンプレートでもよいですし、紙を配ってがんばったことを書いてもらうだけでも構いません。大切なのは、自分の良さを見つけ、自分のがん

ばりを自己分析すること
です。

　自己評価できる力を高
めることは、自己肯定感
を高めることにもつなが
ります。教師からの称賛
や子供たちが互いに褒め
合うことを通じ、日々の
生活の中で高めていくこ
とが人切です。そして、
教師の見立て（評価）と
子供自身の自己評価をク
ロスさせて、心から寄り添っていけ
るようにしたいものです。

4. 週1回の「2本保護者電話」

　子供たちの「良さ」は、懇談会や
保護者面談だけでは伝えきれませ
ん。そこで、おすすめしたいのが、
週1回の「2本保護者電話」です。
週に1回、二人の子を決めてその家
庭に電話をします。いきなり電話が
入ると驚く保護者もいるので、4月
の保護者懇談会などで「学校でのが
んばりや良さを伝える電話をするこ
ともあります」と伝えておくとよい
でしょう。何気ない会話により、家
庭での子供たちの「良さ」を見つけ
ることもできます。同時に、保護者
の信頼も得ることができます。

自分のがんばり
1年をふりかえって、○つけてみよう。

★べん強について

	とてもよくがんばった	まあまあがんばった	ふつう	あまりがんばれなかった	ぜんぜんがんばれなかった
国語					
算数					
音楽					
書しゃ					
図工					
体いく					
めぶき					
道とく					

★ふだんの生活について

	とてもよくできた	ふつう	あまりできなかった
わすれものをしない			
せいりせいとん			
かかり・日直のしごと			
家でのお手つだい			
家でのべんきょう			
はやねはやおき朝ごはん			
ことばづかい			
あいさつと通学のマナー			

★○今まてで一番がんばったこと

★来年のけついをひとことで

名前

わたしのデータファイル

3年　　組 名前

がんばったこと	べんきょうでがんばったこと	せいかつでがんばったこと
友だちと家	休み時間によくあそぶ友だち	家でがんばっていること
かつどう	とうばんでがんばったこと	かかりでがんばったこと
きゅうしょく	（　）ほとんど残さない （　）残す日が多い→苦手な食べ物（　　　　　）	

ならいごとや手つだい	曜日	ならいごと	手つだい
	月		
	火		
	水		
	木		
	金		
	土		
	日		

5 保護者対応の 小ネタ&小技 －信頼獲得のポイントとは－

1. 保護者対応と学級経営

　良い学級経営を行うにあたって、保護者の協力は不可欠です。学級経営は担任、子供、保護者の関係がうまくいくことで円滑に進められます。ここでは、保護者対応をうまく進めていくための方法について解説していきます。

2. 保護者対応とは

　保護者対応と聞くと、「大変な仕事」とか「モンスターペアレント」とか、ネガティブなことを思い浮かべる人も多いかもしれません。保護者の子供への愛情は、とても深いものです。そんな我が子への愛情が、時に保護者を感情的にさせてしまうこともあるかもしれません。しかし、保護者と同じように教師が子供たちに対し愛情を注いでいれば、保護者を感情的にさせてしまうことはないでしょう。子供が毎日「学校が楽しい」「○○先生はいい先生だよ」と家で話をしていたら、保護者は教師を応援してくれる心強い味方になってくれるはずです。充実した学校生活を送れるよう、常に子供たちのことを考えて仕事をする。それが無用な保護者対応を生み出さない一番の秘訣だと考えます。

　しかし、どんなに一生懸命に指導に当たっていても、行き違いが生まれてしまうことはあります。それを防ぐためにも、以下のポイントをしっかりと押さえておきましょう。

太郎くん、良い感性を持っていますね

3. 保護者対応のポイント

（1）子供を褒める

　保護者にとって子供は、可愛くて仕方がない存在です。口では「うちの子なんて」と言っていても、我が子に大きな期待を寄せているはずです。我が子が褒められてうれしくない保護者

はいません。懇談会や学校行事、家庭訪問や面談など、保護者と顔を合わせる機会は多くあります。その際、必ず子供の良い点を伝えましょう。伝える内容は、どんな些細なことでも構いません。些細なことであればあるほど、細やかに子供を見ていることが伝わります。担任は「我が子を見てくれている」「認めてくれている」ということが、保護者の安心感や満足感につながります。保護者がうれしそうにしてくれれば、教師自身もうれしい気持ちになります。このようなやりとりが教師への信頼を築いていきます。直接会うことができない保護者には、連絡帳などを通じて伝えても構いません。どのような方法でもよいので、子供を褒めていきましょう。

（2）担任1人では限界があることを正直に伝える

　学級には教師1人に対して子供が最大40人（2020年度現在）います。しかも、休み時間や掃除の時間には、それぞれの子供たちがさまざまな場所で活動をしています。そう考えると、けんかやトラブルが教師の目の前で発生することの方が少ないと言っても過言ではないでしょう。

　つまり、教師が適切に状況を把握したり対応したりすることには、限界があるということです。この事実を年度当初の懇談会などを通じて、正直に保護者に伝えることが大切です。そして、保護者には子供の変化で気付いたことは何でも伝えてほしいこと、家で漏らした言葉で気になることがあれば教えてほしいことなどをお願いしてみましょう。きっと保護者は理解してくれますし、協力してくれます。保護者と共に子供たちをより良い方向に育てていきたいという教師としての思いを伝えることが大切なのです。

（3）常に自分の指導を振り返る姿勢を持つ

　「教師は世間知らずだ」と非難されることがありますが、決してそんなことはありません。しかし、教師という仕事の特性上、「自分の指導は正しい」「間違っているはずがない」と思いがちなのも事実です。教師に求められる資質として、教育に対する使命感や誇り、自信を持った指導などが挙げられますが、それが行き過ぎると、トラブルを招いてしまうこともあります。

　保護者対応においても、相手の意見や指摘に対して、「自分の指導は正しい」と一方的に主張すれば、話は平行線をたどり、相手を感情的にさせてしまうこともあります。「自分の指導は本当に正しかったのだろうか」「もっと適切な指導があったのではないか」と、自分の指導を振り返る姿勢を持つことも大切です。

　実際に学校現場で起きている保護者とのトラブルには、指導の在り方をめぐってのトラブルが少なくありません。保護者の意見や指摘に真摯に耳を傾け、自分に非があるときには、素直に謝り改める。これは普段、教師が子供たちに指導していることの一つです。教師といえども過ちはある。保護者もそう理解してくれれば、対応もスムーズに進みます。

6 提出物処理の 小ネタ&小技
―確実に短時間で処理できるスゴ技―

1. 提出物処理は待ってくれない

　連絡帳、宿題、音読カード、自学ノート等、子供からの提出物がない日はありません。その日のうちに返却しなければならないものに加え、学校に提出しなくてはいけないものもあります。それらを迅速にまとめ処理することは、とても大切な仕事です。特に、自学ノートや宿題をなるべく早くチェックして返却することは、子供の学習意欲にもつながる重要な仕事です。また、保護者からの連絡も、その日のうちに確認して返事をすれば信頼を得ることができます。しかし、限られた時間で行うのがなかなか難しいのも事実です。

　ここでは、提出物を的確に処理し、教師の負担をなるべく少なくするための工夫を紹介します。

2. 提出物処理の工夫

　提出物ごとに、かごを用意します。例えば、「連絡帳」「音読カード」「宿題（自学ノート）」「その他」の4つを用意し、子供たちに提出物は朝のうちに出すように指導します。また、お金に関わるものや個人情報があるものはそこには提出せず、教師に直接手渡すよう伝えます。

（1）連絡帳のチェック

　連絡帳は、朝のうちに書かせるようにします。そして、チェックも朝のうちに行ってしまいます。このようにすれば、保護者からの特別な連絡を見落とすことがなくなりますし、返事も余裕をもって書くことができます。また、どう返事を書いたらよいのか迷ったときは、「後ほどお電話させていただきます」と書き、学年の教師や管理職と相談してから、電話で返事をするようにします。

（2）音読カードのチェック

　音読カードのチェックは、子供の当番活動にします。当番の子はカードにスタンプを押し、名簿にチェックをします。当番としての責任を感じ、提出していない子がいると「○○さん出してください」と言いに行く子もいます。チェックが終わった後は、配り当番が配るので、

音読カードは朝のうちに処理し、子供に返すことができます。

（3）宿題（自学ノート）のチェック

　宿題チェックも当番活動にし、当番の子が名簿にチェックを入れていきます。学習プリントなどその日のうちに返さなくてもよいものは、放課後に目を通すことができますが、自学ノートなどその日に返さなくてはいけないものは、休み時間に見てしまうようにします。一人一人コメントを書きたいところですが、そんな時間はありません。そこで次のような方法を取ります。

　例えば、漢字学習では丸付けに段階をつけ、花丸以上が合格ラインだと伝えます。

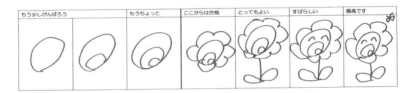

　また、自学ノートには、花丸やスタンプを押します。とてもがんばっている子には、「すばらしい！」など簡単な一言を添えるようにします。また、優れているノートは、「キラリノート」として、どこがよいのかが分かるようにコメントを入れて掲示します。また、帰りの会や授業の中で紹介してもよいでしょう。

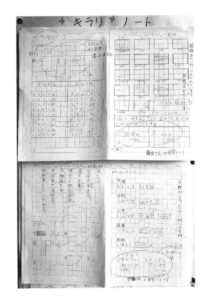

　1カ月に1回ぐらいのペースで、自学ノートの見せ合い会を行います。自分の自主学習の中で一番がんばったと思うページを開き、机に置きます。その後、子供たちが付箋を持って教室を歩き、友達のノートを見て回ります。そして、「まねをしたいな」「すごいな」と思ったノートにはコメントを書いて貼ります。

　こうして友達のノートを見ることで、子供たちの自主学習のやり方が広がり、友達からコメントをもらうことで意欲も高まります。

【班の活動として提出物を集める方法も】

　提出物を班ごとに集める方法もあります。生活班ごとにかごを用意し、一人が一つずつ項目を担当し、提出物のチェックをします。班長はそれを確認して、教師に提出します。お互いにチェックし合う活動は、関係性が悪いとトラブルになることもありますが、良い関係であればお互いに声を掛け合い、忘れ物は減っていきます。

教師と子供たちの明るい未来に向けて

　本書「はじめて受け持つ小学校３年生の学級経営」をお読みくださり、心から感謝申し上げます。「はじめに」で書いたように、本書は子供たちに「主体性」と「多様な他者と協働する力」を養うことを目指し、そのためのネタや工夫等がたくさん盛り込まれています。

　ただ、読んでいただいて分かるように、専門的な理論や理屈は、ほとんど書かれていません。それは、学級経営に困っている現場の先生に、即戦力となる情報を提供することで、不安や負担を少しでも軽減してほしいとの思いで編集しているからです。もし、「主体性」とは何か、「協働」とは何かと、理論的なことをもっと突き詰めて学びたいという方は、ぜひ他の専門書等を当たってみてください。

　今、学校は「大変な時代」を迎えています。新しい学習指導要領では、「主体的・対話的で深い学び」が導入され、これまでのコンテンツベースの学びから、コンピテンシーベースの学びへの転換が求められています。また、小学校においては教科としての外国語（英語）やプログラミング教育なども、教育課程に入りました。さらには、GIGAスクール構想で１人１台のデジタル端末が入り、それを活用した学習活動も求められています。

　次から次へと降ってくる教育改革と、ますます多様化する子供たちを前に、疲弊気味の先生も少なくないことでしょう。2021年度から、段階的に「35人学級」になるとはいえ、要求されることがこのまま増え続ければ、負担は一向に減りません。教育行政には、教師の負担軽減に向けて、抜本的な改善策を講じてほしいところです。

　多忙化解消に向けて、教師自身でできることは何かといえば、仕事を効率的にこなしていくことです。換言すれば、「手を抜くところは抜く」ということでもあります。「そんなこと、子供のことを考えたらできない」と言う先生もいるかもしれませんが、仕事を効率化することが、必ずしも子供のマイナスに作用するとは限りません。

　日本の学校教育は世界的に見ても非常に手厚く、面倒見が良いと言われています。一方で、そうした手厚さが、子供たちの主体性を奪い、受け身の指示待ち人間を育ててきたとの指摘も、最近は多くの教育関係者がしています。「手を抜く」と言うと聞こえが悪いですが、ある程度は子供自身に活動を委ね、手放していくことも必要との見方もできます。何より、

「子供のために」と、教師ががんばり続けた結果、心身を壊してしまったら元も子もありません。実際に、そうした先生方が全国にはたくさんいます。

　そうした観点から、本書では効率的に学級経営ができる工夫や小技なども数多く紹介してきました。その多くは、全国のどの学校、どの学級でもすぐに使えるものです。実際に実践してみた先生の中には、「子供たちが大きく変わった」と言う人もいます。学級経営が変わり、子供が自主的・主体的に動くようになれば、教師の負担も少なからず軽減されます。

　また、これからの小学校教師には、1〜6年の全ての学年を受け持つ資質も求められています。中には「私は低学年のスペシャリストになりたい」などと考えている人もいるかもしれませんが、そうした意向が通らない時代になりつつあるのです。その意味でも、1〜6年生の全ての学年の学習内容を把握することはもちろん、発達段階的な特性なども理解した上で、学年に適した学級経営もしていかねばなりません。学年別で編集された本書は、そうしたニーズにも対応する形で執筆・編集されていますので、ぜひ参考になさってください。

　2020年から猛威を振るう新型コロナウイルスにより、学校の教育活動には多くの制限がかかっています。係活動や当番活動、学級会なども、これまで通りのやり方ができず、苦労をされている先生も多いことでしょう。本書で紹介した実践の中にも、感染症等が蔓延している状況においてはそのまま実践するのが困難なものもあります。実践方法を工夫するなどしてご活用ください。
　より良い未来を築くために、子供、教師、保護者、地域の方々等、学校教育に関わる全ての人々が幸せになれる教育活動を共に実践、推進していきましょう。
　子供たちや先生が伸び伸びと活動できる素敵な日々が続くことを祈っています。

2021年3月

小川　拓

編著

小川　拓（おがわ・ひろし）

共栄大学准教授／元埼玉県小学校教諭

1970年、東京都生まれ。私立、埼玉県公立学校教諭・主幹教諭を経て、2015年度より共栄大学教育学部准教授。2007年度から埼玉県内の若手教職員を集めた教育職人技伝道塾「ぷらすわん塾」、2015年より「OGA 研修会」（教師即戦力養成講座）を発足させ、若手指導に当たっている。主な図書に『効果2倍の学級づくり』『できてるつもりの学級経営9つの改善ポイント―ビフォー・アフター方式でよくわかる』『子どもが伸びるポジティブ通知表所見文例集』（いずれも学事出版）他がある。

執筆者

足達　祐子（埼玉県川口市立元郷南小学校教諭）

上田　理恵（埼玉県富士見市立水谷小学校教諭）

竹井　秀文（愛知県名古屋市立楠小学校教諭）

千守　泰貴（埼玉県川口市立鳩ヶ谷小学校教諭）

細野　亜希子（埼玉県戸田市立笹目東小学校教諭）

はじめて受け持つ
小学校3年生の学級経営

2021年4月15日　第1版第1刷発行

編　著 ── 小川　拓
発行人 ── 花岡　萬之
発行所 ── 学事出版株式会社
　　　　　〒101-0021
　　　　　東京都千代田区外神田2-2-3
　　　　　電話 03-3255-5471
　　　　　http://www.gakuji.co.jp

編集担当 ── 二井　豪
編集協力 ── 株式会社コンテクスト
デザイン ── 細川 理恵（ホソカワデザイン）
印刷・製本 ── 精文堂印刷株式会社